ସର୍ଜନାର ନିରୀକ୍ଷଣ

ସର୍ଜନାର ନିରୀକ୍ଷଣ

ମୂଳ ହିନ୍ଦୀ

କେଦାରନାଥ ସିଂହ

ଅନୁବାଦ

କ୍ଷୀରୋଦ ପରିଡ଼ା

BLACK EAGLE BOOKS
2020

 BLACK EAGLE BOOKS

USA address:
7464 Wisdom Lane
Dublin, OH 43016

India address:
E/312, Trident Galaxy, Kalinga Nagar,
Bhubaneswar-751003, Odisha, India

E-mail: info@blackeaglebooks.org
Website: www.blackeaglebooks.org

First Edition printed in 2016 by Katha Katha Kabita Kabita, BBSR

First International Edition Published by
BLACK EAGLE BOOKS, 2020

SARJANARA NIREEKSHANA
by **Kedarnath Singh**

Translated by **Kshirod Parida**

Original Copyright © **Kedarnath Singh**
Translation Copyright © **Kshirod Parida**

All rights reserved. No part of this publication may be reproduced, stored in a retrieval system, or transmitted, in any form or by any means, electronic, mechanical, photocopying, recording or otherwise without the prior permission of the publisher.

Cover: Kaliprasad Dash
Interior Design: Ezy's Publication

ISBN- 978-1-64560-102-9 (Paperback)

Printed in United States of America

ନିଜ ଗାଁ ଲୋକଙ୍କୁ
ଯାହାଙ୍କ ନିକଟରେ ଏହି ସଂକଳନ
କେବେ ପହଞ୍ଚିବ ନାହିଁ

ସୂଚୀପତ୍ର

ସୂର୍ଯ୍ୟ : ୨୦୧୧	୧୧
ବିଦ୍ରୋହ	୧୩
କପାଫୁଲ	୧୬
କବି କୁମ୍ଭନଦାସଙ୍କ ପ୍ରତି	୧୮
ହିନ୍ଦୀ	୨୦
ହେ ପୃଥ୍ୱୀ; ତମ ଘର କେଉଁଠି	୨୩
ଘାସ	୨୪
ନିଜ ଘରେ ପ୍ରବାସ	୨୭
ଜଣେ ପୂର୍ବାଞ୍ଚଳୀର ଆତ୍ମକଥନ	୨୯
ବିଜ୍ଞାନ ଓ ନିଦ	୩୦
ଫସଲ	୩୧
ଦେବନାଗରୀ	୩୪
ସମୟ ସହିତ ମୋର ପ୍ରଥମ ସାକ୍ଷାତ	୩୬
ଜଁ ପଲ୍ ସାର୍ତ୍ରଙ୍କ ସମାଧି	୩୮
ମଞ୍ଚ ଓ ମଞ୍ଚା	୩୯
ଈଶ୍ୱରଙ୍କୁ ଜଣେ ଭାରତୀୟ ନାଗରିକଙ୍କ ପ୍ରସ୍ତାବ	୪୭
ଯଦି ଏଇ ବସ୍ତି ଦେଇ ଯାଆନ୍ତି	୫୦
ନଦୀର ସ୍ମାରକ	୫୩
ହଳନ୍ତକୁ କ'ଣ କରିବା	୫୬
କବିତା	୫୮
ଗବେଷଣା	୬୦
ଗାମୁଛା ଓ ତଉଲିଆ	୬୨
ଗଜଲ	୬୩
ସର୍ଜନାର ନିରୀକ୍ଷଣ	୬୪
ବାବୁଲା ଗଛ ତଳେ ଶୋଇଛି ପିଲାଟିଏ	୬୫
ପଢ଼ିଶା	୬୭
ଅଧିକାର	୬୯
ପାଦ	୭୦
ନିରୁଦ୍ଦିଷ୍ଟ କବି	୭୨

ପଦ୍ମୀଙ୍କ ଅଷ୍ଟବିଂଶତମ ପୁଣ୍ୟତିଥିରେ	୭୪
ଲୁହର ଓଜନ	୭୬
ନିରବତା	୭୭
ପ୍ରଫେସର ଓରୟାମ୍ ସିଂହ	୭୯
କବି ଦେବେନ୍ଦ୍ର କୁମାର (୧ ୯୩୭-୯ ୧)	୮୧
(ଓରଫ୍ ବଙ୍ଗାଲିଜୀ)	
ସେହି ବାଂଲାଦେଶୀ ଯୁବକ, ଯାହାକୁ ଭେଟିଥିଲି ରୋମରେ	୮୩
ଅନ୍ ସଂକଟ ?	୮୭
ମନାଲୀ	୮୮
ଫେରିଆସୁଥିବା ବଗମାନେ	୯୦
ଭୋଜପୁରୀ	୯୨
ଯେମିତି ଦୀପ ଉଯେଁଇ ଦିଆଯାଏ	୯୪
ଦେଶ ଓ ଘର	୯୬
କାନ୍ଦର ମୃତ୍ୟୁ	୯୭
ବଜାରରେ ଆଦିବାସୀ	୧୦୦
ବଳଦଙ୍କ ସଙ୍ଗୀତ ପ୍ରେମ	୧୦୧
କୃତଘ୍ନ କାଦୁଅ	୧୦୨
ଯେଉଁଠୁ ଆରମ୍ଭ ହୁଏ ଅମାପ	୧୦୩
କଳା ଆସ୍ତୀନ୍	୧୦୫
ହୀରା ଭାଇ	୧୦୬
ନିରାଳାଙ୍କ ସ୍ୱର	୧୦୯
ଅଚାନକ ଦିନେ	୧୧୧
ଏକ ଲୋକଗୀତର ଅନୁକୃତି	୧୧୩
ଚାଲିଯାଉଛି ଯେଉଁ ବିଲେଇ	୧୧୪
ତ୍ରିଲୋଚନଙ୍କ କବିତା ପାଠ	୧୧୬
ଜଣେ ସାଦାସିଧା ଚାଷାର ସୁଖ	୧୧୭
ନୂଆ ଶତାବ୍ଦୀର ସକାଳ	୧୧୯
ସବୁଠୁ ବଡ଼ ଖବର	୧୨୦
ଯିବି କୁଆଡ଼େ	୧୨୧
ପରିଶିଷ୍ଟ-	୧୨୩
ସମ୍ୟକ ପରିଚିତି,	
କବିଙ୍କ କବିତା ଉପରେ କିଛି ମତବ୍ୟ,	
ନିଜ କବିତା ସମ୍ପର୍କରେ କବି,	
କବିଙ୍କ ସୃଜନ ସମ୍ଭାର	

Birds make great sky-circles of their freedom.
How do they learn it?
They fall, and falling they're given wings.

- **Rumi**

ସୂର୍ଯ୍ୟ : ୨୦୧୧

ମୁଁ ତାଙ୍କୁ ଜାଣିଛି
ମୋ ଉଡ଼ିଯାଇଥିବା ହଂସମାନେ
ତାଙ୍କୁ ଜାଣନ୍ତି ଯେମିତି
ମାଛମାନେ ତ ମା'ଗର୍ଭରୁ
ଜାଣିଥା'ନ୍ତି ତାଙ୍କୁ
ଯେତେବେଳେ ତାଙ୍କୁ ଭୋକ ଲାଗେ
ସେମାନେ ପିଇ ନିଅନ୍ତି ତାଙ୍କରି
- ଈଷତ୍ ଉଷ୍ଣ ଦୁଇ ଚାରି ଅଂଶୁବିନ୍ଦୁ
ମୁଁ ତାଙ୍କୁ ଜାଣିଛି
କାହିଁକିନା ମୋର ବିଶ୍ୱାସ ରହିଛି ଯେ
ସେ ବି ମୋତେ ଜାଣନ୍ତି,
ମୁଁ ଯେଉଁଆଡ଼େ ଯାଏ
ଯେଉଁ ସହର ହୋଇଥାଉନା କାହିଁକି
ମୋର ଭେଟ ହୋଇଯାଏ ତାଙ୍କ ସହିତ
ସେ ହାତ ହଲାନ୍ତି
ମୁରୁକି ହସନ୍ତି ପ୍ରତିଦ୍ୱନ୍ଦ୍ୱୀ ପରି
ପ୍ରଥମ ପ୍ରେମର

ମୁଁ ତାଙ୍କୁ ଏଇଥିପାଇଁ ଜାଣେ ଯେ
ସେ ସାରା ବ୍ରହ୍ମାଣ୍ଡର ସବୁଠୁ
ଧନାଢ଼୍ୟ ସୌଦାଗର

ଯିଏ ମୋ ପୃଥିବୀ ସହିତ
ବେପାର କରିଥା'ନ୍ତି ଉତ୍ତାପ ଓ ଶକ୍ତିର
ଯେମିତି କି ତାଙ୍କ ମୋବାଇଲ
ହୋଇଚାଲିଥିବ ଚାର୍ଜ

ଏବେ ଯେତେବେଳେ ସେ
ଲକ୍ଷ ଲକ୍ଷ ବର୍ଷର ପ୍ରାଚୀନ
ଆଉ ମୁଁ ପଞ୍ଚସ୍ତରୀ ବର୍ଷର
ଦିହେଁ ଢଳିଢଳି ଯାଉଛୁ...
ମୁଁ ତାଙ୍କୁ ଜାଣିଛି
ଯେମିତି ଜଣେ ସମକାଳୀନ ଜାଣିଥାଏ
ଅନ୍ୟ ଜଣେ ସମକାଳୀନକୁ।

ବିଦ୍ରୋହ

ଆଜି ଘର ଭିତରକୁ ପଶିଗଲା ବେଳେ
ସେଇଠି ଦେଖିଲି ଏକ ଅଜବ ଦୃଶ୍ୟ
ମୋ ଶେଯ ମୋତେ କହିଲା, ଶୁଣନ୍ତୁ
ଇଏ ରହିଲା ମୋ ଇସ୍ତଫା ପତ୍ର
ମୁଁ ଯିବାକୁ ଚାହୁଁଛି
ମୋ ଆପଣାର କପା ଭିତରକୁ

ସେଠାରେ ଥିଲା ଚେୟାର ଓ ଟେବୁଲର
ଏକ ମିଳିତ ଆହ୍ୱାନ
ବ୍ୟାକୁଳରେ ଦିହେଁ କହିଲେ-
ଆଜ୍ଞା, ବହୁତ ହେଲା
ଆପଣଙ୍କୁ ସହ୍ୟ କରିଯିବା
ଆମର ଖୁବ୍ ମନେପଡୁଛି ଆମରି ଗଛ
ଆଉ ତାହାରି ଅଭ୍ୟନ୍ତରର ଜୀବନ
ଯାହାକୁ ହତ୍ୟା କରିଦେଇଛନ୍ତି ଆପଣ

ସେଇଠି ଆଲମିରାରେ ବନ୍ଦୀ ଥିବା
ବହି ସବୁ କରୁଥିଲେ ଚିତ୍କାର -
ଖୋଲିଦିଅ, ଆମକୁ ଖୋଲିଦିଅ
ଆମେ ଯିବାକୁ ଚାହୁଁଛୁ

ଆମରି ବାଉଁଶବଣକୁ
ଆଉ ଭେଟିବାକୁ ଚାହୁଁଛୁ
ଆମ ବିଛାମାନଙ୍କ ନାହୁଡ଼
ଆଉ ସାପମାନଙ୍କ ଚୁମ୍ବନ

କିନ୍ତୁ ସବୁଠୁ ବେଶୀ ଅସନ୍ତୁଷ୍ଟ ଥିଲା
ସେହି ଶାଲ ଖଣ୍ଡିକ ଯାହାକୁ ମୁଁ
କିଛିଦିନ ତଳେ କିଣି ଆଣିଥିଲି କୁଲ୍ଲୁରୁ
କହିଲା - ସାହେବ !
ଆପଣ ତ ବଡ଼ ସାହେବଲୋକ
ମୋର ଦୁମ୍ବା ମେଣ୍ଢାମାନେ ମୋତେ କେବେଠୁ
ଡାକ ଛାଡୁଛନ୍ତି ଆଉ ଆପଣ
ବନ୍ଦୀ କରି ରଖିଛନ୍ତି ମୋତେ
ବେଢ଼ି ନେଇ ନିଜ ଦେହରେ

ସେଠାରେ ଟିଭି ଓ ଟେଲିଫୋନ୍‌ର
ଅବସ୍ଥା ଥିଲା ଖୁବ୍ ଖରାପ
ଉଚ୍ଚସ୍ୱରରେ ସେମାନେ କହୁଥିଲେ କିଛି
କିନ୍ତୁ ତାଙ୍କରି ଭାଷା ଥିଲା
ମୋ ବୁଝିପାରିବାର ସାମର୍ଥ୍ୟ ବାହରେ

ସେତିକି ବେଳେ
ନଳରୁ ଟପ୍‌ଟପ୍ ନିଗିଡ଼ି ପଡୁଥିବା
ପାଣିବୁନ୍ଦା ବ୍ୟାକୁଳରେ କହିଲା-
ଏବେ ତ ସୀମା ଟପିଗଲା ସାହେବ !
ଯଦି ଶୁଣି ପାରିବେ ତ ଶୁଣନ୍ତୁ

ଏଇ ବୁନ୍ଦାମାନଙ୍କ କଥା -
ଏବେ ଆମେ
ଅର୍ଥାତ୍ ଆପଣଙ୍କ ଦ୍ୱାରା ସମସ୍ତ ବନ୍ଦୀମାନେ
ମୁକ୍ତ ହୋଇଯିବାକୁ ଚାହୁଁଛୁ
ଏଇ ଜେଲ୍‌ରୁ

ଏବେ କୁଆଡ଼େ ଯାଉଛନ୍ତି ଆପଣ ?
ମୋ କବାଟ ଗର୍ଜି ଉଠିଲା
ଯେତେବେଳେ ମୁଁ ବାହାରି ଆସୁଥିଲି
ବାହାରକୁ ।

କପା ଫୁଲ

ସେ ଦେବତାଙ୍କର ପସନ୍ଦ ନୁହେଁ
କିନ୍ତୁ ଏଥିରେ ନାହିଁ କୌଣସି ଆଶ୍ଚର୍ଯ୍ୟ କଥା
ଏହାହିଁ କେବଳ ଆଶ୍ଚର୍ଯ୍ୟ ଯେ କବିମାନେ ବି
ଲେଖନ୍ତି ନାହିଁ କବିତା
କପାଫୁଲ ଉପରେ
ପ୍ରେମୀମାନେ ଉପହାର ଦିଅନ୍ତି ନାହିଁ
କେବେ ବି ଜଣେ ଅପରକୁ
ଯଦିଓ ସେ ରକ୍ଷା କରିଥାଏ ସଭିଁଙ୍କୁ
ସେମାନଙ୍କର ନଗ୍ନ ହୋଇଯିବାରୁ
ଆଉ ପ୍ରତିକୂଳ ହେଲେ ପାଣିପାଗ
ସେ ରକ୍ଷା କରିଥାଏ ବି
ଭୋକ ଓ ଶୋଷରୁ

ଈଶ୍ୱରଙ୍କୁ ଭଲ ଲାଗେ ନାହିଁ ଶୀତ
ଏମିତି ତ ସେଠାରେ ନଗ୍ନ ହୋଇଯିବା
ଯେତିକି ସହଜ ସେତିକି ଦିବ୍ୟ
ଏଣୁ ଏକଥା ଠିକ୍ ଯେ
ଶୀତ ବିରୁଦ୍ଧରେ ମଣିଷ ଖୋଜି ଥାଇପାରେ
ପୃଥିବୀରେ ପ୍ରଥମେ କପାଫୁଲକୁ

ତେବେ ପ୍ରଥମ ଲେଙ୍ଗୁଟି
କେବେ ପିନ୍ଧିଲା ସେ
ପ୍ରଥମେ ସୂତା ସହିତ ଛୁଇଁର
କେବେ ହୋଇଥିଲା ପ୍ରଥମ ଭେଟ
ସେକଥା ଭୁଲିଯାଇଛି ଆମରି ଭାଷା
ଯେପରି ନିଜ କମିଜ ପିନ୍ଧି
ଭୁଲି ଯାଇଥାଉ ଆମେ
ନିଜ ଦରଜିର ନାଁ

ତେବେ ଆପଣ କ'ଣ କେବେ ଭାବିଛନ୍ତି
ସେହି ଆପଣାର କମିଜ
ଯାହାକୁ ପିନ୍ଧିଛନ୍ତି ଆପଣ
ସେ କେଉଁ ଖେତରେ ଫୁଟିଥିବା
କପାଫୁଲର ?
ଯେତେବେଳେ ଅବସର ପାଇବେ
ଦୟାକରି ଥରଟିଏ ଭାବିବେ ନିଶ୍ଚୟ
ଏଇ ସମ୍ପୂର୍ଣ୍ଣ କାହାଣୀରେ ରହିଛି
ସୂତାଠୁଁ ଛୁଇଁଯାଏ ସବୁ କିଛି,
କିନ୍ତୁ ସେ କୁଆଡ଼େ ଗଲା
ଯାହା ଥିଲା ଏଇ କାହାଣୀର ଶୀର୍ଷକ ।

କବି କୁମ୍ଭନ ଦାସଙ୍କ ପ୍ରତି

ହେ ସନ୍ଥକବି,
ଛିଡ଼ା ହୋଇଛି ମୁଁ ଆପଣଙ୍କ ସମାଧି ସାମ୍ନାରେ
ଆଉ ମସ୍ତିଷ୍କରେ ଗୁଞ୍ଜରିତ ହୋଇଚାଲିଛି
ଆପଣଙ୍କର ସେହି ପଙ୍‌କ୍ତି -
'ସନ୍ତନ କୋ କହା ସୀକ୍‌ରୀ ସୌଁ କାମ୍'
ଶହଶହ ବର୍ଷର ସେଇ ପୁରୁଣା ଛୋଟିଆ ପଙ୍‌କ୍ତି
ପୁଣି ସେଥିରେ ରହିଛି ଏତେ ତେଜ ଯେ
ପ୍ରାୟ ପାଞ୍ଚଶହ ବର୍ଷ ହେଲା
କରିଚାଲିଛି ସେ ହିନ୍ଦୀ କବିତାକୁ ଆନ୍ଦୋଳିତ

ହେ କବିବର,
ଧୃଷ୍ଟତା କ୍ଷମଣୀୟ ହେଲେ ପଚାରିବି କଥାଟିଏ -
କ'ଣ ଘଟିଥିଲା ସେଦିନ ?
ଶେଷରେ ଜଣେ ସନ୍ଥକବିଙ୍କୁ କୁଡ଼ିଆ ଛାଡ଼ି
ଯିବାକୁ ପଡ଼ିଥିଲା ସୀକ୍‌ରୀ
କେତେ କାଳ ଲାଗିଥିଲା ପାଦରେ ଚାଲିଚାଲି
କୁଡ଼ିଆରୁ ବାହାରି ପହଞ୍ଚିବାକୁ ସୀକ୍‌ରୀରେ
ମହଲ ଚାରିପଟେ ଘୂରିଥିଲେ କେତେଥର ଯେ
ଛିଡ଼ିଯାଇଥିଲା ଡୋରି
ଆଉ ଝୁଲାରୁ ଖସି ପଡ଼ିଯାଇଥିଲା କେଉଁଠି ହରିନାମ !

କଅଣ ଘଟିଥିଲା ହେ କବିବର
ଜଣେ କବିର ଆଖିରେ କେମିତି ଲାଗିଲା
ସୀକ୍‌ରୀର ହୃଦୟରୁ ଝରିପଡ଼ିଥିବା
ହିନ୍ଦୀ ଭାଷାର ସେହି ସବୁଠୁ ଏକଲା ଓ
ଦୁଃଖ ଜର୍ଜରିତ ପଙ୍‌କ୍ତି

ହେ ସନ୍ଥ କବି
ଫେରିଯିବା ପୂର୍ବରୁ ଘେନନ୍ତୁ ମୋର ପ୍ରଣାମ
ମୁଁ ଆସିଛି ଦିଲ୍ଲୀରୁ
ଚାହେଁ ବା ନ ଚାହେଁ
ଫେରିଯିବାକୁ ହିଁ ହେବ ଦିଲ୍ଲୀକୁ
ଆଉ ଦିଲ୍ଲୀ ହିଁ ହେଉଛି ଆଜିର ସୀକ୍‌ରୀ
ସନ୍ଥ ପ୍ରବର, ତେବେ ଥିଲା ଏକ
ଏବେ କିନ୍ତୁ ଗୋଟିଏ ଭିତରେ ଆରେକ
କେଜାଣି ରହିଛି ଆଉ କେତେ ସୀକ୍‌ରୀ !

ମୁଁ ଜାଣେ
ସମାଧି ଭିତରୁ ଆସିବ ନାହିଁ ଆପଣଙ୍କର
କୌଣସି ଉତ୍ତର
ତଥାପି ଫେରି ଯାଉଯାଉ ପଚାରି ଦେଉଛି
ଇଏ କେଉଁ ପ୍ରକାରର ରହସ୍ୟ-
କବିତା ଓ ସୀକ୍‌ରୀ ମଝିରେ
ବିତିଗଲାଣି ଶତାବ୍ଦୀ ଶତାବ୍ଦୀ
ଆଉ ଦୁହିଁଙ୍କ ଭିତରେ
ଆଜି ଯାଏ ବି ହେଲାନାହିଁ
କୌଣସି ତାଳମେଳ !

ହିନ୍ଦୀ

(ପ୍ରଫେସର କେ. ସଚ୍ଚିଦାନନ୍ଦନଙ୍କ ପାଇଁ)

ମୋ ଭାଷାର ଲୋକମାନେ
ମୋ ରାସ୍ତାର ଲୋକମାନେ
ରାସ୍ତାର ଲୋକମାନେ ତ ସାରା ସଂସାରର ଲୋକମାନେ !
ଗତକାଲି ରାତିରେ ମୁଁ ଦେଖିଲି ସ୍ୱପ୍ନଟିଏ
ସାରା ସଂସାରର ଲୋକମାନେ ବସିଛନ୍ତି
ଗୋଟିଏ ହିଁ ବସ୍‌ରେ
ଆଉ କଥାବାର୍ତ୍ତା କରୁଛନ୍ତି ହିନ୍ଦୀରେ
ପୁଣି ସେହି ହଳଦୀ ରଙ୍ଗର ବସ୍
ହଠାତ୍ ହୋଇଗଲା କେଉଁଠି ଅଦୃଶ୍ୟ
ଆଉ ମୋ ପାଖରେ ରହିଗଲା
କେବଳ ମୋରି ହିନ୍ଦୀ
ଯାହା ସଦାବେଳେ ମୋ ପାଖରେ ଅଟକିଯାଏ
ଯେକୌଣସି ଅସୁବିଧା ବେଳେ

ସେ କିଛି ହିଁ କହେ ନାହିଁ
ହେଲେ ତା'ର ଅକୁହା କଥାମାନ
ଜାଣିପାରେ ମୋ ଜିଭ -
ତା' ପିଠି ଉପରେ ଥିବା ବିସ୍ମୃତ ଚୋଟର
ରହିଯାଇଛି କେତୋଟି ଚିହ୍ନ

ନିଦ ଲାଗୁ ନାହିଁ
ସାରାରାତି ଚାହିଁ ରହିଥାଏ
ତାହାରି କେତେ କେତେ କାର୍ଯ୍ୟକୁ,
ବସ୍ତୁତଃ ତାହାରି କୌଣସି ବିଶେଷଣକୁ

କିନ୍ତୁ ଏସବୁ ଭିତରେ
ଏକ ଛୋଟ ଖୁସିରେ ଥରିଉଠେ ସେ
ତମେ ଟିକେ ଦୃଷ୍ଟି ବୁଲାଇ ଆଣ ତ
ସବୁ ସରକାରୀ କାର୍ଯ୍ୟାଳୟରେ
ଘାଣ୍ଟି ଚାଲ ଉଚ୍ଚା ଉଚ୍ଚା ଫାଇଲ୍ ଗଦା ଭିତରେ
କେଉଁଠି ହେଲେ ମିଳିବ ନାହିଁ
ଗୋଟିଏ ହେଲେ ବି ଅକ୍ଷର
ଆଉ ସେ ଜାଣେ ନାହିଁ ଯେ
ସେ ପାଇଁ ଈଶ୍ୱରଙ୍କୁ ନୁହେଁ ତ
କାହାକୁ ଦେବି ଧନ୍ୟବାଦ

ମୋର ଅନୁରୋଧ
ଗହଳି ଛକ ଉପରେ ଯୋଡ଼ହସ୍ତର ଅନୁରୋଧ–
ରାଜଭାଷା ନୁହେଁ
କେବଳ ଭାଷା ଭାବେ ବଞ୍ଚି ରହିବାକୁ ଦିଅ
ମୋରି ଭାଷାକୁ
ସେଥିରେ ଭରି ରହିଛି ପାଖ ପଡ଼ିଶା
ଆଉ ଦୂରଦୂରାନ୍ତର କେତେ ଯେ ଧ୍ୱନିର
ବୁନ୍ଦା ବୁନ୍ଦା ଅର୍କ

ମୁଁ ଯେତେବେଳେ ବି କଥା ହେଉଛି ତା' ସହିତ
କାହିଁ କେଉଁ ଗଭୀରତାରୁ ବାହାରି ଆସୁଛି

ଆରବୀ, ତୁର୍କୀ, ବଙ୍ଗଳା, ତେଲୁଗୁ
ଏପରିକି ପତ୍ରଟିଏ ହଲିଯିବାର ଶବ୍ଦରେ ବି
ମୁଁ ସବୁକିଛି କହୁଛି ଅଳ୍ପ ଅଳ୍ପ
ଯେତେବେଳେ ମୁଁ କଥା ହେଉଛି ହିନ୍ଦୀରେ

ଯେତେବେଳେ ବି କହୁଛି
ମୋତେ ଲାଗୁଛି
ସମଗ୍ର ବ୍ୟାକରଣରେ ରହିଛି ଯେପରି
ଏକ କାରକର ଅସ୍ଥିରତା
ଏକ ତଦ୍‌ଭବର ଦୁଃଖ
ତତ୍‌ସମର ପଡ଼ୋଶରେ ।

ହେ ପୃଥ୍ୱୀ, ତମ ଘର କେଉଁଠି

ଜୀଜିବୀଷାର ବିପୁଳ ଖଣିଜ ଲଦି ହୋଇ
ଆଉ ପ୍ରଜନନର ଅସୁମାରୀ ଇଛା ନେଇ
ଛିଡ଼ା ହୋଇଥିବା ହେ ପୃଥ୍ୱୀ,
କୌଣସି ଆଦିମ ମଣିଷର
ପ୍ରଥମ ଗୋଲାକାର ଲିଟ୍‌ଟି
ହୁଏତ ସେକି ତିଆରି ହୋଇଥିବ
ନିଜ ଅଭ୍ୟନ୍ତରରେ

ହେ ଅଗ୍ନିଗର୍ଭା
ହେ କ୍ଷୁଧା
ହେ ତୃଷ୍ଣା
ହେ ପିଙ୍ଗଳ
ହେ ଶ୍ୟାମଳ ଦୂର୍ବା
ହେ ରଙ୍ଗିନ ଭବ୍ୟ ନଶ୍ୱରତା
ଯାହାର ପ୍ରତିଟି ଆବୃତ୍ତିରେ
ସେହି ଉଦଗ୍ରତା
ସେହି ପ୍ରାଥମିକତା

ହେ ପୃଥ୍ୱୀ
ହେ ମୋର ପ୍ରିୟ
ତମର ଘର କେଉଁଠି ?

ଘାସ

ଘାସ ଏବେ ପରିଶ୍ରାନ୍ତ
ଯେ ଯଦି ଉତୁରି ଆସିବାକୁ ଚାହୁଁଛି
ତାକୁ ଆସିବାକୁ ଦିଅ
ସାରା ସଂସାରର ସବୁ ସହରର
ଜିପ୍ସସୀ ସିଏ
ତମରି ସହରର ଧୂଳିରେ
ଖୋଜି ଚାଲୁଛି ସେ
ତାହାରି ହଜିଲା ନାଁ ଓ ଠିକଣା

ଶୋଇପଡ଼, ତମେ ଯେତେବେଳେ
ସେ ଖଟ୍‌ଖଟ୍ କରେ ତମରି କବାଟ
କେତେବେଳେ ତମେ ନିଷ୍ଠାର ସହ ଦେଖିବ
ହୁଏତ ତମ ମୋବାଇଲ୍‌ରେ ସେ ଦିଶିଯିବ
କିଛି ଝାପ୍‌ସା 'ମିସ୍‌କଲ୍' ହୋଇ

ତା'ରି ପାଖରେ ଥାଇପାରେ କିଛି ସୂଚନା
କିଛି ଜରୁରୀ କଥା
ଯାହା ସେ ଅସ୍ପଷ୍ଟ ଭାବେ
କହିବାକୁ ଚାହୁଁଛି ତମରି କାନରେ
କେବେ ବି...

କେଉଁଠୁ ବି ଉତୁରି ଆସିବାର
ରହିଛି ଏକ ସଂକଳ୍ପ
ସଂସାରର ସବୁଠୁ ସୁନ୍ଦରତମ ସଂକଳ୍ପ
'ଉତୁରି ଆସିବା' ଶବ୍ଦ ବଞ୍ଚି ରହିଥାଉ
ତମରି ଶବ୍ଦକୋଷରେ

ତୁମରି ସାବଧାନୀରେ, ବାସ୍,
ଟିକିଏ ଢିଲା ତା'ର ଦରକାର
ତମରି ଘରର ସୁରକ୍ଷା ବଳୟରେ
ଟିକିଏ ଅନୁରାଗ
ଯେମିତି ସେ ପଶିଯାଇପାରିବ ଭିତରକୁ
ଯେପରି ଗାଲିବ୍‌ଙ୍କ ଘରକୁ
ପଶିଯାଇଥିଲା ଲହକା ସବୁଜିମା
ଆଉ ନିଜର ଭରପୂର ଉଦ୍ୟାନରେ
ହସି ଚାଲିଥିଲା ସେ !

ହେ ଦାର୍ଶନିକ,
ନିଜ ଦାଢ଼ିରେ ତିଆରି କରିବାକୁ ଦିଅ
ଏକ ଛୋଟିଆ ବସା
ହେ କବି,
ନିଜ ପଙ୍‌କ୍ତି ମଝିରେ
ଟହଲିବାକୁ ଦିଅ ତାକୁ
ଯେଉଁଠି ଯାହା ରହିଛି ଶୂନ୍ୟସ୍ଥାନ
ପୂରଣ କରିଦେବ ସେ ଅନାୟାସରେ

ହେ ପ୍ରଫେସର,
ତାକୁ ବିସ୍ତାରିତ ହେବାକୁ ଦିଅ

ନିଜ ବହିଗଦା ଉପରେ
କାନ୍ଥଘଡ଼ି ପର୍ଯ୍ୟନ୍ତ ଯାହା ସବୁ
ନିରନ୍ତର ଦେଇଚାଲିଛି ଭୁଲ ସମୟ

କେବେ କେବେ ଲାଗେ
ଆଉ ପିଛିଲା କିଛି ଦିନରୁ
କିଛିଟା ଅଧିକ ଅନୁଭବ ହେଉଛି
ନାଗରିକମାନଙ୍କ ଗଣତନ୍ତ୍ରରେ,
ଘାସର ଅନୁଶୀଳନ ଉପରେ
ହେବା ନିହାତି ଆବଶ୍ୟକ
ଏକ ଦୀର୍ଘ ଅଖଣ୍ଡ ବିତର୍କ

କିନ୍ତୁ ଯେପର୍ଯ୍ୟନ୍ତ ସେ ହୋଇନାହିଁ ଉପସ୍ଥିତ
ଆରମ୍ଭରୁ ମୁଁ ଘୋଷଣା କରୁଛି ଯେ
ଆଗାମୀ ନିର୍ବାଚନରେ
ମୁଁ ସାବ୍ୟସ୍ତ କରିବି ମୋ'ରି ମତଦାନ
ଘାସ ସପକ୍ଷରେ

କେହି ତାହାରି ସପକ୍ଷରେ
କରନ୍ତୁ ବା ନକରନ୍ତୁ ମତଦାନ
ଏକ ଛୋଟ ପତ୍ରର ବ୍ୟାନର୍ ଉଠାଇ,
ସେ ତ ସଦାବେଳେ ରହିଆସିଛି
ମଇଦାନରେ !

ନିଜ ଘରେ ପ୍ରବାସ

ମୁଁ ମୋ ନିଜ ପୈତୃକ ଘରକୁ
ସମର୍ପି ଦେଇଛି ପାରାମାନଙ୍କୁ
ସେମାନେ ରୁହନ୍ତୁ ଆରାମରେ
ଏଇଥି ପାଇଁ ସାରା ଘରକୁ କରିଦେଇଛି
ପରିଷ୍କାର
ଏବେ ସେମାନେ ରହୁଛନ୍ତି ମୋ'ରି ଘରେ
ଦାମ୍ଭିକତାରେ ଓ ବିନା ଭଡ଼ାରେ

କେବେ ବି ଗଲେ ମୁଁ ଗାଁକୁ
ତାଙ୍କ ଅସୁବିଧାକୁ ଧ୍ୟାନରେ ରଖି
ନିଜେ ରହିଯାଏ କୌଣସି ପଡ଼ିଶାଙ୍କ ଘରେ
ଭାବୁଛି -
କେବେ ଏପରି ନହେଉ ଯେ କୌଣସି ଯୁଗଳବନ୍ଦୀ
ମୋ'ରି ଚିତ୍କାରରେ ହୋଇ ନ ଯା'ନ୍ତୁ ବିଚ୍ଛିନ୍ନ
କେଜାଣି କୌଣସି ମାଈ ପାରା
ଏବେ ଏବେ ଦେଇଥାଉ ପ୍ରଥମ ଅଣ୍ଡା
ଅଥବା କୌଣସି ବୃଦ୍ଧ ପାରା
ଜୀବନ ସଂଗ୍ରାମରେ ହୋଇଯାଉଥାଉ
ସମ୍ପୂର୍ଣ୍ଣ ଏକଲା !

ଏବେ ଭୁଲିଯାଇଥିଲି ସେହି ଅନୁବନ୍ଧ
ଯାହା ମୁଁ ରଖିଆସିଥିଲି ତାଙ୍କରି ସହିତ

ଯେତେବେଳେ ପ୍ରବେଶ କଲି ଘର ଭିତରେ
ସାମାନ୍ୟ ଡେଣା ଫଡ଼ଫଡ଼ କରି
ସେମାନେ ଦେଇଦେଲେ ମୋତେ ଅନୁମତି
କିଛିଦିନ ମୁଁ ରହିଲି ସେହି ଘରେ
ତାଙ୍କରି ସହିତ
ତାଙ୍କରି ହିଁ ଅତିଥି ପରି

ଇଏ ଥିଲା ଜଣେ ଆଧୁନିକର
ଆପଣା ଘରେ ହିଁ
ଆଦିମ ପ୍ରବାସ

କିଛି ସପ୍ତାହ ଧରି
ତାଙ୍କରି ଆତିଥେୟତାରେ ରହି
ଯେତେବେଳେ ନେଉଥିଲି ତାଙ୍କଠାରୁ ବିଦାୟ -
ପାରାମାନେ ଶୁଣାଇଲେ କୌଣସି ଏକ ଗଜଲ୍
ସମ୍ଭବତଃ ତାହା ଥିଲା ବାପଅଜା- କାଳର
ଆଉ ମୁଁ ପାରିଲିନି ବୁଝି ସେସବୁ
ତାଙ୍କରି ସ୍ୱରରେ ଥିଲା
କେତେ ଦୁଃଖ
କେତେ ଖୁସୀ !

ଜଣେ ପୂର୍ବାଞ୍ଚଳୀର ଆତ୍ମକଥନ

ପର୍ବତ ଘେରରେ ମୁଁ
ନିଜ ଗାଁର ମୁଖିଆ
ଚଢ଼େଇଙ୍କ ଭିତରେ ପାରା
ଭାଷାରେ ପୂର୍ବୀ
ଦିଗରେ ଉତ୍ତର

ବୃକ୍ଷଙ୍କ ଭିତରେ ବାବୁଲ ମୁଁ
ନିଜ ସମୟର ବଜେଟ୍‌ରେ
ଏକ ଦୁଃଖଦ ଭୁଲ୍

ନଦୀଙ୍କ ଭିତରେ ଚମ୍ବଲ
ଶୀତଋତୁରେ
ଜଣେ ବୁଢ଼ୀର କମ୍ବଳ

ଏବେ ଏଇ ସମୟରେ ମୁଁ ଏଇଠି
ହେଲେ ଠିକ୍ ଏଇ ସମୟରେ
ବାଗ୍‌ଦାଦରେ ହୃଦୟ ଭେଦି
ଚାଲିଗଲା ଯେଉଁ ଗୁଳି
ସେଇଠି ବି ଅଛି ମୁଁ

ଝରିପଡ଼ିଥିବା ପ୍ରତିଟି ରକ୍ତବିନ୍ଦୁକୁ
ପୋଛି ଚାଲିଛି ମୋ ଗାମୁଛାରେ
ଯେଉଁଠି ବି ଛିଡ଼ା ହୋଇଥାଏ
ସେହି ପୂର୍ବାଞ୍ଚଳୀ ମୁଁ।

ବିଜ୍ଞାନ ଓ ନିଦ

ଯେତେବେଳେ ମୁଁ ଟ୍ରେନ୍‌ରେ ଯାଏ
ଧନ୍ୟବାଦ ଦେଇଥାଏ ବିଜ୍ଞାନକୁ
ଆଉ ବୈଜ୍ଞାନିକଙ୍କୁ ବି

ଯେତେବେଳେ ଓହ୍ଲାଇପଡ଼େ ବିମାନରୁ ତ
ଅନେକ ଧନ୍ୟବାଦ ଦିଏ ବିଜ୍ଞାନକୁ
ଆଉ କିଛିଟା ଈଶ୍ୱରଙ୍କୁ ବି

କିନ୍ତୁ ଯେତେବେଳେ ଯାଏ ବିଛଣାକୁ
ଆଲୁଅରେ ଆସି ନଥାଏ ନିଦ
ତେଣୁ ନିଭେଇ ଦିଏ ବତି
ଆଉ ଶୋଇଯାଏ

ବିଜ୍ଞାନର ଅନ୍ଧାରରେ
ଆସି ନ ଥାଏ ଭଲ ନିଦ।

ଫସଲ

ତାକୁ ମୁଁ ଜାଣିଥିଲି ଖୁବ୍ ନିକଟରୁ
ତା'ର ଥିଲା ଏକ ଛୋଟିଆ ସଂସାର
ଛୋଟ ଛୋଟ ସ୍ୱପ୍ନ ସବୁ ଭରି ରହିଥିଲା
ତା' ମାଟିହାଣ୍ଡିରେ
ସେଇଠି ବି ରହୁଥିଲେ ବୟସ୍କମାନେ
ଆଉ ସେହିମାନେ
ଯାହାଙ୍କର ଏବେ ବି ହୋଇନାହିଁ ଜନ୍ମ

ତାକୁ ବେଶ୍ ଭଲ ଲାଗୁଥିଲା ମେଣ୍ଢା
ସେ ସ୍ୱୀକାର କରୁଥିଲା
ତା'ର ଆବଶ୍ୟକତା ଥିଲା ପଶମ
କିନ୍ତୁ ସେ କହୁଥିଲା -
ତା'ଠାରୁ ବି ଢେର୍ ଜରୁରୀ
ତାହାରି ପତ୍ନୀର ଉଷ୍ମତା
ଯହିଁରେ ଖେତର ମାଟି ହୋଇଯାଏ ଜୀବନ୍ତ

ମହୁଲ ଥିଲା ତା'ର ସାଙ୍ଗ
ଆମ୍ବ ଥିଲା ତା' ପାଇଁ ଦେବତା
ବାଉଁଶ-ବାବୁଲା ଗଛ ଥିଲେ
ତା'ର ଆତ୍ମୀୟ ସ୍ୱଜନ

ଆଉ ହଁ, ଛୋଟିଆ ନିର୍ଜଳ ନଦୀଟିଏ
ଥିଲା ବି ତା'ରି ସଂସାରରେ
ଯାହାକୁ ଦେଖି କେବେ କେବେ
ତା'ର ମନେ ହେଉଥିଲା -
ତା'କୁ ଉଠାଇ ନେବ ତା'ର କାନ୍ଧ ଉପରକୁ
ଆଉ ଗଙ୍ଗାକୂଳ ପର୍ଯ୍ୟନ୍ତ
ଯହିଁରେ ଯୋଡ଼ିଦେଇ ହେବ ସେ ଦିହିଁଙ୍କୁ
କିନ୍ତୁ ଗଙ୍ଗା ବିଷୟରେ ଭାବି ଭାବି
ସେ ହୋଇଯାଉଥିଲା ଶୂନ୍ୟହସ୍ତ !

ଏଣେ କେତେବର୍ଷ ତଳୁ
ଯେବେ ଗୋଲଗୋଲ ଆଳୁ ମାଟି ଫଟାଇ
ଉହୁଙ୍କି ଉଠୁଥିଲା ଗଛମୂଳରୁ
ଅଥବା ଫସଲ ପାକଳ ହୋଇ
ନଇଁ ପଡୁଥିଲା ପବନରେ
ସେତେବେଳେ କେଜାଣି କାହିଁକି
ସେ ହୋଇଯାଉଥିଲା ନିରବ
କେତେ କେତେ ଦିନ ଧରି
ଅଟକି ଯାଉଥିଲା ବାସ୍ ସେଇଠି
ସୂର୍ଯ୍ୟୋଦୟ ବା ସୂର୍ଯ୍ୟାସ୍ତରେ
ବିଶାଳ ଚକ ସମାହିତ ତାହାରି ଗାଡ଼ି

କୁହାଯାଏ ସେଦିନ ଥିଲା ଶନିବାର
ଆଉ ସେ ଥିଲା ଢେର୍ ଖୁସୀ
ଜଣେ ପଡ଼ିଶାଙ୍କୁ ଯାଇ ପଚାରି ଆସିଲା
ଆଳୁର ଦର
ପତ୍ନୀଙ୍କୁ ହସିହସି ପଚାରିଲା -

ପୂଜାରେ କେମିତି ଲାଗିବ ଫୁଲ ?
ଗଳିରେ ଭୁକିଲା କୁକୁରଙ୍କୁ ପଚାରିଲା-
'ଖୁସୀରେ ରୁହରେ ରଙ୍ଗ ବେରଙ୍ଗୀ
ଖୁସୀରେ ରୁହ !'
ଆଉ ଚାଲିଗଲା ବାହାରକୁ
କେଉଁଆଡ଼େ ?
କାହିଁକି
କୁଆଡ଼େ ଯାଉଥିଲା ସେ
ଏବେ ମିଡ଼ିଆରେ ଚାଲିଛି ତା' ଉପରେ ବିମର୍ଶ

ଏଇଠି ଏପରି ଘଟିଲା ଯେ
ଯେତେବେଳେ ସେ ପହଞ୍ଚିଲା ମୋଡ଼ରେ
ପଛରୁ ଶୁଭିଲା ଖୁବ୍ ଜୋର୍‌ରେ ଏକ ହର୍ଣ୍ଣ
ଆଉ ଲୋକେ କହନ୍ତି -
କେହି ବି ଦେଖି ନାହାନ୍ତି
ସେ କାନ୍ଦି କାନ୍ଦି ଚାଲିଗଲା

ଏବେ ଏ ଏକ ହତ୍ୟା
ଅଥବା ଆତ୍ମହତ୍ୟା ଘଟଣା
ତାହାକୁ ବିଚାର କରିବେ ଆପଣମାନେ
କାହିଁକି ନା ଏବେ ସେ ରାସ୍ତାକଡ଼ରେ
ପଡ଼ିରହିଛି ଘାସପତ୍ରର ଗହଳି ଭିତରେ
ଆଉ ତା' ଓଠରେ ଚାପି ହୋଇଯାଇଛି
ଏକ ମୁରୁକି ହସ

ସେଦିନ ସେ ଥିଲା ଖୁବ୍ ଖୁସୀ ।

ଦେବନାଗରୀ

ସେଇ ଯେଉଁ ସାଦାସିଧା ସରଳ
ଆମ ଆପଣାର ଲିପି–ଦେବନାଗରୀ
ଏତେ ସରଳ ଯେ ସେ ଭୁଲିଯାଇଛି
ନିଜର ସାରା ଅତୀତ
କିନ୍ତୁ ମୋ ମତରେ
'କ' କୌଣସି କୁରାଢ଼ି ପୂର୍ବରୁ
ଆସିନାହିଁ ଏ ସଂସାରକୁ
'ଚ' ଜନ୍ମ ନେଇଥିବ କୌଣସି ଶିଶୁର ଗାଲରେ
ମା'ର ଚୁମ୍ବନରୁ

'ଟ' ବା 'ଠ' ଏତିକି ଚମକପ୍ରଦ ଯେ
ଫୁଟି ବାହାରି ପଡ଼ିଥିବ
ଫଟାଇ ଦେଇ କୌଣସି ପଥର
'ନ' ହେଉଛି ଏକ ସ୍ଥାୟୀ ପ୍ରତିରୋଧ
ପ୍ରତିଟି ଅନ୍ୟାୟ ବିରୁଦ୍ଧରେ

'ମ' ଏକ ପ୍ରାଣୀର ହମ୍ୱାରଡ଼ିର ଧ୍ୱନି
ଯାହା କୌଣସି କଣ୍ଠରୁ ବାହାରି ଆସି
ହୋଇଯାଇଥିବ ମା'

'ସ'ର ସଙ୍ଗୀତରେ
ସମ୍ଭବପର ଏକ ହାଲୁକା ଶୀତ୍କାର

ଯାହା ଶୁଣାଯାଉଥିବ ତମକୁ,
ହୋଇପାରେ ଏକ ଗାଉଁଲି ଭାଷାରେ
କେବେ ଲେଖିଚାଲିଥିବା ହାତର
ଅବଦମିତ ଯନ୍ତ୍ରଣାର ସ୍ୱର

କେବେ ଟିକେ ଦେଖିବ ଧ୍ୟାନରେ
କୌଣସି ଅକ୍ଷରକୁ ନିରେଖି
ସେଇଠି ଆଲୁଅ ତଳେ
ଏକ ଛୋଟ ଆଲୋକ ଧାରା
ଦିଶିଯିବ ତମକୁ

ଏସବୁ ମୋ ଲୋକମାନଙ୍କ ଉଲ୍ଲାସ
ଯାହା ବଦଳି ଯାଇଛି ମାତ୍ରାରେ
ଅନୁସ୍ୱାରରେ ଉତୁରି ଆସିଛି
କୌଣସି କଣ୍ଠାବରୋଧ

କିନ୍ତୁ କିଏ ଅବା କହିପାରିବ
ଏହାର ଅନ୍ତିମ ବର୍ଣ୍ଣ 'ହ'ରେ
ଭରି ରହିଛି କେତେ ହସ,
କେତେ ହାହାକାର ।

ସମୟ ସହିତ ମୋର ପ୍ରଥମ ସାକ୍ଷାତ୍

ସମୟ ସହ ମୋର ପ୍ରଥମ ସାକ୍ଷାତ୍
କେବେ ହୋଇଥିଲା -
ଏକଥା ଭାବେ ତ ମୋର ମନେ ପଡ଼ିଯାଆନ୍ତି
ପ୍ରଥମ ପାଠଶାଳାର ମୁନ୍‌ସୀ ହୁଲାସରାମ,
ଦ୍ୱିପ୍ରହରର ଛୁଟି ହେବା ପୂର୍ବରୁ ସେ କହୁଥିଲେ -
ପିଲା, କୂଅ ପାଖକୁ ଯାଇ ଦେଖିଆସ
ଫୁଟିଲାଣି କି ନାହିଁ ଏବେ
ଦ୍ୱିପ୍ରହରର ଫୁଲ

ବାରଟା ବେଳେ ହେଉଥିଲା ଛୁଟି
ଆଉ ତାଙ୍କର ଥିଲା ବିଶ୍ୱାସ
ଠିକ୍ ବାରଟା ବେଳେ ଫୁଟେ
ଦ୍ୱିପ୍ରହରର ଫୁଲ

ସେହି ସବୁ ଛୋଟ ଛୋଟ ଫୁଲ
ଏବଂ ବାରଟା ବାଜିବା ଭିତରେ
କଅଣ ଯେ ରହିଥିଲା ସମ୍ପର୍କ -
ଯାହା ଆମକୁ କରିଦେଉଥିଲା ଆଶ୍ଚର୍ଯ୍ୟ

ଏକଥା ତ ମୁଁ ଜାଣିଲି ଢେର୍ ପରେ ଯେ
ଏପରି ଭାବେ ସମୟ ପଶି ଆସିଥିଲା
ମୋ ଭିତରକୁ

ସେହି ଛୋଟ ଛୋଟ ଫୁଲ ସବୁ
କୂଅମୂଳର ସେହି କାଦୁଆ ମାଟି ସହିତ
ଯାହାର ହସ୍ତକ୍ଷେପରେ ପ୍ରାୟତଃ
ହଡ଼ବଡ଼େଇ ଯାଉଥିଲା ମୋ'ରି ଘଡ଼ି

ଏବେ କାହାକୁ କହିବି
ଇଏ ତ ମୋର ନୁହେଁ
ତେବେ କାହାର ଏଇ ସମୟ
ଯାହା ଅହରହ ଗଡ଼ି ଚାଲୁଥାଏ
ମୋ'ରି ଘଣ୍ଟାରେ ?

ଜଁ ପଲ୍ ସାର୍ତ୍ରଙ୍କ ସମାଧି

ହଜାର ହଜାର ସମାଧି ଭିତରେ
ଜୀବନ୍ତ ରହିଥିଲା ସେହି ଗୋଟିଏ ମାତ୍ର
କେହି ଜଣେ ଏବେ ଏବେ ଫେରିଯାଇଛି
ଫୁଲତୋଡ଼ାଟିଏ ରଖିଦେଇ ସେଇଠି,
ଗତକାଲିର ବାସି ମଉଳା ଫୁଲମାନଙ୍କ କଡ଼ରେ
ଗୋଟିଏ ଲାଲରଙ୍ଗର ଫୁଲ ତଳେ
ପଡ଼ିରହିଥିଲା ମେଟ୍ରୋ ଟ୍ରେନ୍‌ର ହଳଦିଆ ଟିକଟଟିଏ
ସେମିତି ସତେଜ ଅବସ୍ଥାରେ

ମୋ ଗାଇଡ୍ ହସିହସି କହିଲା–
ଫେରିଯିବାର ଟିକଟ ଇଏ
ରଖିଦେଇ ଯାଇଥିବ ତାଙ୍କରି କୌଣସି
ପୁରୁଣା ବନ୍ଧୁ ଜଣେ, କହିଦେଇ –
'ନିଦରୁ ଉଠିଲେ ଚାଲି ଆସିବ !'

ମୁଁ ଅନୁଭବ କରୁଥିଲି –
ଅସ୍ତିତ୍ୱର ଇଏ ବି ଏକ ରଙ୍ଗ
ଆମ ଗହଣରେ ନଥିବା ବେଳେ,
ଏବେ ଯଦି ଥାଆନ୍ତେ ସାର୍ତ୍ର
କ'ଣ କହିଥା'ନ୍ତେ ଏ ବିଷୟରେ ?
ଏକଥା ମୁଁ ଭାବିଭାବି
ଫେରିଯାଉଥିଲି ହୋଟେଲକୁ ।

ମଞ୍ଚ ଓ ମଞ୍ଚା

(ଉଦୟ ପ୍ରକାଶଙ୍କ ପାଇଁ)

(ବିଦ୍ର : ଚୀନା ବାବା ଅର୍ଥାତ୍ ଯିଏ ପ୍ରକୃତରେ ଜଣେ ଚୀନା ବୌଦ୍ଧଭିକ୍ଷୁ ଥିଲେ, ଯାହାଙ୍କୁ ମୁଁ ଦେଖିଥିଲି। ଏହା ତାଙ୍କ ନିର୍ବାଣର କିଛି ଦିନ ପୂର୍ବର କଥା। ସ୍ତୂପ ଠାରୁ କିଛିଦୂରରେ ତାଙ୍କ ସ୍ମୃତିରେ ନିର୍ମିତ ଏକ ଛୋଟ ଭବନ ଆଜି ବି ସେଠାରେ ରହିଛି। ବାକିସବୁ - ଯେପରି ପ୍ରଧାନମନ୍ତ୍ରୀଙ୍କ ଆଗମନ, ବରଗଛ କଟାଯିବା ଓ ଭିକ୍ଷୁମାନଙ୍କ ପ୍ରତିବାଦ-ଏସବୁ ଲୋକସ୍ମୃତିର କଥା।)

ପତ୍ର ପରି କଥା କହନ୍ତି
ଆଉ ଅସନ୍ତୁଷ୍ଟଙ୍କ ପରି ନିରବ ରହନ୍ତି
ଜଣେ ଖର୍ବାକାର ଚୀନା ଭିକ୍ଷୁ ଥିଲେ ସେ
ଯାହାଙ୍କୁ ସେହି ଜନପଦର ଲୋକେ କହୁଥିଲେ
ଚୀନାବାବା

କେବେ ଆସିଥିଲେ ସେ ରାମାଭାର ସ୍ତୂପକୁ
ଏକଥା ଜାଣି ନଥିଲେ କେହି,
ଜାଣିବା ହୁଏତ ନଥିଲା ଜରୁରୀ
ତାଙ୍କ ପାଇଁ ଏତିକି ହିଁ ଥିଲା ଯଥେଷ୍ଟ ଯେ
ସେ ଛିଡ଼ା ହୋଇଛନ୍ତି ସ୍ତୂପ ନିକଟରେ
ଥିଲା ସେଇଠି ଚଢ଼େଇଙ୍କ କିଚିରିମିଚିରି ରାବରେ
କମ୍ପିତ ଅଳ୍ପ ବୟସର ଗହଳ ବରଗଛଟିଏ
ଗଛ ଉପରେ ଥିଲା ମଞ୍ଚାଟିଏ
ଆଉ ସେ ରହୁଥିଲେ ସେହି ମଞ୍ଚା ଉପରେ

କାହିଁ କେତେ ଦିନରୁ ସେଇଠି
ଯଦି ବିସ୍ମରଣ ନୁହେଁ ତାହାଲେ ହେବ
ଗତ ଶତାବ୍ଦୀର ପଞ୍ଚମ ଦଶକର କୌଣସି ଏକ ଦିନ
ଯେତେବେଳେ ବଡ଼ ରାସ୍ତାରେ ଶୁଭିଲା ମାଇକ୍
'ଭାଇ ଓ ଭଉଣୀମାନେ,
ପ୍ରଧାନମନ୍ତ୍ରୀ ଆସୁଛନ୍ତି ଦର୍ଶନ କରିବାକୁ ସ୍ତୂପ'

ପ୍ରଧାନମନ୍ତ୍ରୀ !
ବିହ୍ୱଳିତ ହୋଇ ଉଠିଲେ ଲୋକମାନେ
ଯେମିତି ତାଙ୍କୁ ମିଳିଗଲା କିଛି ସକାଳୁ ସକାଳୁ
ହେଲେ ଏଥିରେ ଥିଲା ବିଡ଼ମ୍ବନା ଯେ
ଲୋକମାନେ କେବଳ ଜାଣିଥିଲେ ନେହରୁଙ୍କୁ
ପ୍ରଧାନମନ୍ତ୍ରୀଙ୍କୁ ନୁହେଁ !

ଏପରି ଶବ୍ଦର ଅର୍ଥ ପର୍ଯ୍ୟନ୍ତ ପହଞ୍ଚିବାକୁ
ସେମାନଙ୍କୁ ହୋଇଥିଲା ଅନେକ ଅସୁବିଧା
ତଥାପି ପରସ୍ପର ପଚରା ଉଚରା ଭିତରେ
ସେମାନେ ପହଞ୍ଚିଗଲେ ସେ ପର୍ଯ୍ୟନ୍ତ,
କେଉଁ ପର୍ଯ୍ୟନ୍ତ ?
ଏକଥା କହିବା କଠିନ
ଲୋକେ କହନ୍ତି - ପ୍ରଧାନମନ୍ତ୍ରୀ ଆସିଲେ
ସେ ଚାରିଆଡ଼କୁ ଚାହିଁଲେ, ବୁଝି ଦେଖିଲେ ସ୍ତୂପକୁ
ପୁଣି ଚାହିଁଲେ ସେ ବରଗଛକୁ
ଯାହା ଛିଡ଼ା ହୋଇଥିଲା ସେହି ସ୍ତୂପ ନିକଟରେ

କେଜାଣି କାହିଁକି
ସେମାନେ ହୋଇଗଲେ ଉଦାସ

(କୁହାଯାଏ ଯେ ନେହରୁ ପ୍ରାୟତଃ
ହୋଇଯାଉଥିଲେ ଉଦାସ)
ପୁଣି ଯାଉ ଯାଉ ଜଣେ ଅଫିସରଙ୍କୁ ଡାକିଲେ
ନିକଟକୁ ଆସି କହିଲେ-
ବୋଝ ସମ୍ଭାଳି ନ ପାରି ସେହି ଡାଳଟି
ପଡ଼ିଯିବ ସ୍ତୂପ ଉପରେ
ଏଇଥି ପାଇଁ ଆଦେଶ ହେଉଛି
ଦେଶ ହିତରେ କାଟି ଦିଅ ବରଗଛକୁ
ଆଉ ବଞ୍ଚାଇ ରଖ ଏଇ ସ୍ତୂପକୁ

ଜଣାଅଜଣାରେ ଏକ ମଞ୍ଚା ବିରୁଦ୍ଧରେ
ଏହା ଥିଲା ରାଷ୍ଟ୍ରର ଉଚ୍ଚତମ ମଞ୍ଚର ଆଦେଶ
ଏପରି ଭାବେ ସେଦିନ ଅଦ୍ଭୁତ ଭାବେ
ଘଟିଗଲା ଘଟଣାଟିଏ ଭାରତର ଇତିହାସରେ
ମଞ୍ଚ ଓ ମଞ୍ଚା ପରି ଏକଇ ଶବ୍ଦର
ଦୀର୍ଘ ଇତିହାସରେ, ଆଉ ଏମିତି
ଦୁଇ ପକ୍ଷ ଅଚାନକ ହୋଇଗଲେ ମୁହାଁମୁହିଁ

ଆଉ ଦିନେ ସୂର୍ଯ୍ୟଘଡ଼ିର ପ୍ରଥମ ଚୋଟ ବସିଲା
ସ୍ତୂପ ଉପରେ -
କାଠୁରିଆ
ମଜୁରିଆ
ଇଞ୍ଜିନିୟର
ଶିଳ୍ପୀ ଆସି ପହଞ୍ଚିଗଲେ ଦୂରଦୂରାନ୍ତରୁ

ଏହାପରେ ପରିଶ୍ରାନ୍ତ ହୋଇଗଲେ ଅଧିକାରୀ
କାରଣ ସେମାନେ ଜାଣିଥିଲେ

ଏକ ନୁହେଁ ବରଗଛ, ତା'ଉପରେ ରହିଛି ମଞ୍ଚା
ସେଥିରେ ରହୁଛନ୍ତି ଜଣେ ଲୋକ
ସେ ରହିଛନ୍ତି ଜୀବିତ
କରୁପାରୁଛନ୍ତି କଥାବାର୍ତ୍ତା

କ'ଣ କରାଯିବ ?
ହୁକୁମ୍ ଦିଲ୍ଲୀରୁ, ସମସ୍ୟା ଜଟିଳ
ଢେର ବେଳଯାଏ ଭାବି ଚାଲିଲେ ସେମାନେ
ତାହାରି ଭିତରେ ହଠାତ୍ ଜଣେ
ହାତଯୋଡ଼ି କଲା ପ୍ରାର୍ଥନା -
'ହେ... ହେ... ଚୀନା ବାବା !
ଓହ୍ଲାଇ ଆସନ୍ତୁ ତଳକୁ
କଟାଯିବ ଏବେ ବରଗଛ'
'କଟାଯିବ ?
କାହିଁକି ? କାହିଁକି ଯେ ?'
ଯେମିତି ପତ୍ରସନ୍ଧିରୁ ଫୁଟି ବାହାରି ଆସିଲା
ଏଇ ଶବ୍ଦ କେତୋଟି
'ଏଇଥିପାଇଁ ଉପରୁ ଆସିଛି ଆଦେଶ-'
ଏକଥା ତଳୁ ଉଠିଗଲା ଉପରକୁ

'ତାହାଲେ ଶୁଣ'-
ଚୀନୀ ଓ ହିନ୍ଦୀ ଭାଷାର ଏକ ମିଶ୍ରିତ ସ୍ୱରରେ
କହିଲେ -
'ତମେ ବରଂ କାଟିଦିଅ ଖଣ୍ଡଖଣ୍ଡ କରି ମୋତେ
ଓହ୍ଲାଇବି ନାହିଁ ଜମା ତଳକୁ
ଇଏ ମୋଅର ଘର !'

ଭିକ୍ଷୁଙ୍କ କଣ୍ଠରେ ଥିଲା ବଳ
ବରପତ୍ର-କ୍ଷୀର ପରି ପ୍ରଗାଢ଼

ସମବେତ ଅଫିସରଙ୍କ ସାମ୍ନାରେ ଥିଲା
ଏକ ବିରାଟ ପ୍ରଶ୍ନ - ଅଭୁତପୂର୍ବ
ଇଏ ଗଛ ନା ଘର -
ଇଏ ଏପରି ଏକ ପ୍ରଶ୍ନ ଥିଲା
ଯାହାକୁ ନେଇ ଆଇନ ଥିଲା ନିରବ

ଏହା ଉପରେ କବିତା ସବୁ ରହିଛି ନିରବ -
ଜଣେ କବିତାପ୍ରେମୀ ଅଫିସର୍‌ଙ୍କର
ଇଏ ଥିଲା ନମ୍ର ଟିପ୍ପନୀ

ଅନେକ ବେଳ ଯାଏ ଜାଣିହେଲା ନାହିଁ
ଆଗକୁ କରାଯିବ କ'ଣ
ଉପସ୍ଥିତ ଅଫିସରଗଣ ସମ୍ପର୍କ କଲେ
ରାଷ୍ଟ୍ରର ଉଚ୍ଚତମ ଅଫିସରଙ୍କ ସହ
ଏବଂ ଗଭୀର ଅନୁଶୀଳନ ପରେ
ନିଷ୍କର୍ଷ ହେଲା -
ମାମଲା ହେଉଛି ଭିକ୍ଷୁଙ୍କ ଲେଙ୍ଗୁଟି ପରି
ବରଗଛର ଦୀର୍ଘ ଡାଳ ଓ ଘନ ପତ୍ରଗହଳିରୁ
ବାହାରି ଆସିଲା ହାହାକାର ଭିତରେ -
ପଚରାଯାଉ ଦିଲ୍ଲୀକୁ

ଆଉ କୁହାଯାଏ ଦିଲ୍ଲୀର ନଥିଲା ମନେ
ନା ଆଦେଶ
ନା ବରଗଛ

ନା ସେଦିନର ଘଟଣା
ନା ତାରିଖ
କିଛି ବି କିଛି ନଥିଲା ମନେ
ଯଦିଓ ମୁହୂର୍ତ୍ତ ପରେ ମୁହୂର୍ତ୍ତର ଖବର
ଦିଆଚାଲିଥିଲା ଗମ୍ଭୀରତାର ସହ
ଆଉ ଏବେ ଭିକ୍ଷୁଙ୍କ ଘର ବୋଲି କୁହାଯାଉଥିବା
ଯୁବ ବରଗଛ ଥିଲା
କୁରାଢ଼ି ଚୋଟର ଖୁବ୍ ନିକଟରେ
ଏଇ ବିଶ୍ୱାସ ଥିଲା ଯେ କେତେ ମିନିଟ୍ ଭିତରେ
ରାଷ୍ଟ୍ରଦୂତଙ୍କ ଜରିଆରେ ଦିଲ୍ଲୀ କଥା ହୋଇଯିବ
ବେଜିଂ ସହ,
ଇଏ ବି ଥିଲା ଏକ ସମ୍ଭାବନା
ଏକଥା ଯାଇ ପହଞ୍ଚିଯାଇଛି ମାଓଙ୍କ ଟେବୁଲ ଯାଏ

ଏବେ ଏକଥା କେତେ ସତ କେତେ ମିଛ
ସାଧ୍ୟ ନାହିଁ କଳନା କରିବାକୁ ତାହା
ହେଲେ ମନ କହୁଛି ମୋର-
ସମ୍ଭବତଃ ତାହା ହିଁ ହୋଇଥା'ନ୍ତା
ସେଦିନ ଏକ ଗଛକୁ ନେଇ
ଦୁଇଟି ରାଷ୍ଟ୍ର ହୋଇଥା'ନ୍ତେ କଥାବାର୍ତ୍ତା
ବିଶ୍ୱରେ ଏଇ ପ୍ରଥମ ଥର।

ପ୍ରିୟ ପାଠକଗଣ,
ଇଏ ହେଲା ଏକ ଅସ୍ପଷ୍ଟ ପ୍ରିଣ୍ଟ୍ ଆଉଟ୍
ସେହି ଲୋକମାନଙ୍କ ସ୍ମୃତିର
ଯାହାକୁ ମୁଁ ଭୁଲି ଯାଇଥିଲି
ଢେର୍ ବର୍ଷ ତଳେ

ଏକଥା ପ୍ରକାଶ ପାଇବା ପରେ
ଆସିବାର ତ ଥିଲା ଆଦେଶ
ପୋଲିସ୍ ଦ୍ୱାରା ଓହ୍ଲାଇ ଦିଆଗଲା ଭିକ୍ଷୁଙ୍କୁ
ସେହି ବରଗଛରୁ
ସେ ଦୁଇହାତ ଟେକି କହି ଚାଲିଥା'ନ୍ତି-
'କେହି ମାନ ବା ନ ମାନ ଏଇ ବ୍ରହ୍ମାଣ୍ଡରେ
ଏହାହିଁ ଥିଲା ମୋର ଘର'

ସେକଥା ଯାହାବି ହେଉନା କାହିଁକି
ଏବେ କୁରାଢ଼ି କଟୁରିର ବାଟ ପରିଷ୍କାର
ଅଳ୍ପ ଟିକେ ଇସାରାରେ ଠକ୍... ଠକ୍...
ଟଳି ପଡ଼ିଲା ଡାଳପାଳା
ପ୍ରଥମ ଚୋଟ ପରେ ଲାଗୁଥାଏ ଯେପରି
ଲୁହା ଖଣ୍ଡଟି ମୁଣ୍ଡ ନୁଆଁଇ ଗଛକୁ କହିଲା -
'କ୍ଷମା କରିବ ଭାଇ,
କିଛି ଆଦେଶ ଥାଏ ଏମିତି !'
ଆଉ ତା'ପରେ କଡ଼ମଡ଼ ହୋଇ ଟଳି ପଡ଼ିଲା
ଅନେକ ଖଣ୍ଡ ବିଖଣ୍ଡ

ଅନ୍ୟପକ୍ଷରେ ପବନରେ ଖେଳିଯାଉଥିଲା
ସେଇ ଯୁବା ବରଗଛର କଟାଗନ୍ଧ
ଆଉ 'ନାହିଁ... ନାହିଁ...'
କେଉଁଠୁ କୌଣସି ବୁଢ଼ୀର ସ୍ୱର
ଭାସି ଆସୁଥିଲା ବିରୋଧରେ
ତା'ରି ଭିତରେ କେତେ କେତେ ଶବ୍ଦ
ଲହରିତ ହୋଇଯାଉଥିଲା ଏକ ବିକଟ ସଙ୍ଗୀତରେ
ଢେର ବେଳ ପର୍ଯ୍ୟନ୍ତ

ଅଚାନକ ଗଛମୂଳରୁ ବାହାରି ଆସିଲା
ଏକ ବିକଟାଳ ଶବ୍ଦ
ଆଉ ତା'ପରେ ଝୁମି ଝମି ତଳେ ଟଳିପଡ଼ିଲା
ସମୁଦାୟ ଗଛ
କେବଳ 'ଘର' -
ସେହି ଶବ୍ଦଟି ଅନେକ ବେଳ ଯାଏ
ଲଟକି ରହିଲା ପବନରେ

ତେବେ ଠାରୁ କେତେ ଯେ ସମୟ ବିତିଛି
ମୁଁ କେତେ ଯେ ସହର ଘୂରିଛି
କେତେ ଯେ ଘର ବଦଳାଇଛି,
ମୋତେ ଲାଗିଗଲା ଏତେ ସମୟ
ସେହି ସତ୍ୟ ନିକଟରେ ପହଞ୍ଚିବା ପାଇଁ -
ଏ ଦିଗରୁ ଦେଖ କିଛି ନାହିଁ ଆଦେଶ
ହେଲେ ଘର ଯେଉଁଠି ବି ଥାଉ
ସେଇମିତି ସେ ଲଟକି ରହିଛି !

ଈଶ୍ୱରଙ୍କୁ ଜଣେ ଭାରତୀୟ ନାଗରିକଙ୍କ ପ୍ରସ୍ତାବ

ହେ ଈଶ୍ୱର
ପୃଥିବୀକୁ ପୁଣି ଥରେ ଯଦି ତିଆରି କରିବେ,
ଯହିଁରେ ଘଟୁଛି ବିଳମ୍ବ,
ତାହାଲେ ମୋର ରହିଛି କିଛି ପ୍ରସ୍ତାବ
ଅଧିକ ନୁହେଁ
ମାଟେ ପାଞ୍ଚ ବା ସାତଟି ମାତ୍ର

ସବା ଆଗେ ଏଇ ପୃଥିବୀରୁ
ଉଠାଇନେଇ ଆଣବିକ ବୋମା
ରଖି ଦିଅନ୍ତୁ ସ୍ୱର୍ଗରେ
ସେଇଠି ହୁଏତ କିଛି ବିଗିଡ଼ି ଯିବ ନାହିଁ
ହେଲେ ଆମେ ପୃଥିବୀବାସୀ
ବର୍ତ୍ତିଯିବୁ ଏକ ଭୟଙ୍କର
ଆତଙ୍କର ଦୁଃସ୍ୱପ୍ନରୁ

ପଇସାକୁ ଫେରେଇ ନିଅନ୍ତୁ ଏଇଠୁ
ଆଉ ପବନକୁ କରିଦିଅନ୍ତୁ ତା'ର ବିକଳ୍ପ
ବଦଳାଇ ଦିଅନ୍ତୁ ବ୍ରହ୍ମାଣ୍ଡର ଘୂର୍ଣ୍ଣ ଚକକୁ,
ନିଜ ପୁରୁଣା ଘଡ଼ିର ସମୟ ସହିତ
ମିଳାଇ ନିଅନ୍ତୁ ପୃଥିବୀର ସୂର୍ଯ୍ୟଘଡ଼ିକୁ

ଏଇଠି ସହରର ଗଳିସବୁ ହୋଇଗଲାଣି ସଂକୀର୍ଣ୍ଣ
ଏଣୁ ଏପରି ବ୍ୟବସ୍ଥାଟିଏ କରିଦିଅନ୍ତୁ ପ୍ରଭୁ
ଯେମିତି ଏଇ ପୃଥିବୀର ପିଲାମାନେ
କେବେ କେବେ ଖେଳିବାକୁ ଆସନ୍ତୁ
ଚନ୍ଦ୍ର ଉପରେ

ଭାରତର ନବନିର୍ମାଣ କରିବେ ଯଦି
ଏଇଠି ଥିବା ଜାତି ନାମକ ପୁରୁଣା ନଥିଟିକୁ
ଫିଙ୍ଗିଦିଅନ୍ତୁ ଆପଣଙ୍କ ଟେବୁଲ ତଳେ ଥିବା
ଅଳିଆ ଝୁଡ଼ିରେ

ବାରଣାସୀକୁ ରହିବାକୁ ଦିଅନ୍ତୁ
ବରୁଣା ଓ ଗଙ୍ଗା ମଝିର
ଏକ ପଠାରେ
ହେଲେ ଦିଲ୍ଲୀକୁ -
ଏଇଠି ଢେର୍ କୁହେଳି
ଏଇଠୁ ଯମୁନା ଓ କୁତବ୍ ସମେତ ଉଠାଇ ନେଇ
ଥୋଇ ଦିଅନ୍ତୁ ଅନ୍ୟ କେଉଁଠି
ଫଳତଃ କେନ୍ଦ୍ରକୁ ମିଳୁଥାଉ
ସୀମାନ୍ତର ଆଲୋକ

ଏମିତି ଓଲଟ ପାଲଟରେ ଏତିକି ହିଁ ଧ୍ୟାନ ରହୁ
ମୋ ଛୋଟ ଗାଁଟି ଯେପରି ବିଲୀନ ନ ହୁଏ
ଆଉ ଦଲପତପୁର-ଚଟ୍‌ଟୀର ବୃନ୍ଦାଙ୍କ ଛେଳି
ଫେରିଆସୁ ସଅଳ ତା' ଘରକୁ

ପ୍ରସ୍ତାବ ତ ଅନେକ ରହିଛି, ପ୍ରଭୁ
ହେଲେ ସଅଳ ସଅଳ କହିବା ଭିତରେ
ଏଇ ତ ଶେଷ ପ୍ରସ୍ତାବ -
ଏଠିକା ମିଡ଼ିଆରେ ବିନାଶର ଅଟକଳ
ଆସୁଛି ବାରମ୍ବାର
ତେଣୁ ସମ୍ଭାଳି ରଖନ୍ତୁ ପୃଥିବୀ ସର୍ଜନାର
କପିରାଇଟ୍

ଇଏ ତ କ୍ଲୋନ୍ ସମୟ
ଏମିତି ନ ହୋଇଯାଉ ଯେ
କେହି ଯେପରି ଗୋପନରେ ତିଆରି କରି ନେଉ
ଏକ କ୍ଲୋନ୍ ପୃଥିବୀ ।

ଯଦି ଏଇ ବସ୍ତି ଦେଇ ଯାଆନ୍ତି

ଯଦି ଏଇ ବସ୍ତିଦେଇ କେବେ ଯାଆନ୍ତି
ତାହାଲେ ସେଇଠି ଯେଉଁମାନେ ବସିରହିଛନ୍ତି ଚୁପ୍‌ଚାପ୍
ସେମାନଙ୍କୁ ଶୁଣିବାକୁ ଚେଷ୍ଟା କରନ୍ତୁ
ସେମାନଙ୍କର ମନେଅଛି ଘଟଣା
ହେଲେ ଭୁଲିଗଲେଣି ସେମାନେ କଥା କହିବା

ଏଇ ଯେଉଁ ସାମ୍ନାରେ ଦିଶୁଛି
ଏକ ପୁରୁଣା ଗଛଟିଏ
ଅଳ୍ପ ଟିକେ ନିରେଖି ଦେଖନ୍ତୁ
ତାହାରି ବକଳ
ତା'ରି ତଳେ ଲୁଚିରହିଛି କେତେ କାହାଣୀ
ଆଉ କେତେ କେତେ ଚରିତ୍ର

ରାସ୍ତାରେ ଯାଉ ଯାଉ ଯଦି ଦିଶିଯାଏ
ପଡ଼ି ରହିଥିବା ଖଣ୍ଡେ ଖପରା
ଉଠାଇ ନିଅନ୍ତୁ ତାକୁ
ସେଥିରେ ଲୁଚି ରହିଥାଇପାରେ
କୌଣସି ନୂଆ ହରପ୍ପା

ଟିକିଏ ଆଗକୁ ଚାଲିଗଲେ
ଦେଖିପାରନ୍ତି ଏକ ଜୀର୍ଣ୍ଣଘର

କିଛିଦିନ ତଳେ ସେଇଠି ରହୁଥିଲା
ଜଣେ ବୁଢ଼ୀ-
ପୁରୁଷମାନଙ୍କ ସଂସାରରେ ଲଢ଼ି ଚାଲିଥିଲା
ସେହି ନିହାତି ସ୍ୱାଭିମାନିନୀ
ସେ ଥିଲା ଏଇ ବସ୍ତିର
ସବୁଠାରୁ ଟାଣୁଆ ସ୍ୱର

ଏକଥା ଟିକେ ଭାବନ୍ତୁ ତ
ଏ କ'ଣ ସମ୍ଭବପର ନୁହେଁ ଯେ
ସେହି ଘରକୁ ଘୋଷଣା କରିବା
ଏକ ଜାତୀୟ ସ୍ମାରକ

ଏମିତି ତ ରାସ୍ତା ଟିକେ ହୋଇପାରେ
ଅଙ୍କାବଙ୍କା
ହେଲେ ସେ ଯେଉଁଆଡୁ ଆସୁଥିଲା
ଶୁଭୁଥିଲା ଯେମିତି ଅଟାକଳର ଆୱାଜ୍
ସେହି ସରୁ ଗଳି ଦେଇ ନିଶ୍ଚୟ ଯାଆନ୍ତୁ
ସେଇଠି ପେଷା ଉପରେ ନଇଁ ପଡ଼ିଥିବା
ଶରୀରଟିଏ ଦିଶିବ ଜଣେ ନାରୀର,
ଦୁଇଟି ହାଡୁଆ ହାତ ପେଷି ଚାଲିଥିବ
ଆଉ ନିଜେ ପେଷି ହୋଇ ଚାଲିଥିବ
ଶସ୍ୟଦାନା ପରି
ନିଜ ସମୟର ଅପେକ୍ଷାରେ

ଏବେ ଏ ପର୍ଯ୍ୟନ୍ତ ଆସିଗଲେ ତ
ମୋର ଅନୁରୋଧ,
ଏବେ ନିଶ୍ଚୟ ଭେଟନ୍ତୁ ଗଫୁର୍ ମିଆଁକୁ

କ୍ୟାମେରା ଥିବ ତ ସାଥୀରେ ନେଇଯିବେ
ତାଙ୍କ ଶତାୟୁ ବୟସର ଲୋଚାକୋଚା
ଦାଗର ଫଟୋଟିଏ ନେବା ପାଇଁ

ତାହା ହେବ ଏଇ ବସ୍ତି ସହିତ
ଛୋଟ ସାକ୍ଷାତକାରଟିଏ
ତମରି ସକାଶେ।

ନଦୀର ସ୍ମାରକ

ଏତେ ତାହା ଏକ ଶୁଖିଲା ନଈର
ଶୁଷ୍କ ସ୍ମାରକ
କାଠ ତିଆରି ଏକ ଜୀର୍ଣ୍ଣ ପୁରୁଣା ବସ୍ତୁ -
ଯାହାକୁ ଏବେ ବି ସେଠାକାର ଲୋକମାନେ କହନ୍ତି
'ଡଙ୍ଗା'
ସେ ଲୋକମାନଙ୍କର କରିଛି
ଢେର ଉପକାର
ଏକଥା ବି ଜାଣିଛି ଯେ ସେହି ରୁଗ୍ଣ ନିର୍ମାଣଟି
ବର୍ଷ ବର୍ଷ ଧରି ଏମିତି ପଡ଼ିରହି
ହରାଇ ସାରିଛି ତା'ର ଆବଶ୍ୟକତା

ଏଇଥି ପାଇଁ ଭାବୁଛି
କେବେ ଯଦି ପୁଣି ଯାଏ ତ ତାକୁ କହିବି -
ଭାଇମାନେ, କାହିଁକି ବା ଏଇ ମୋହ
ପୁରୁଣା କାଠର ଅନ୍ତିମ ନିର୍ମାଣଟିଏ ତ ଇଏ
ତାହାର ରହିଛି ଅନେକ ପଟା -
ତମ ସାମ୍ନାରେ ପଡ଼ିଛି ଯେ ବିପୁଳ ଇନ୍ଧନ !
ସେମିତି କହିଲେ ତ ସଂସାର ଚାଲିଗଲାଣି
'ଡଙ୍ଗା ଠାରୁ ଢେର୍ ଆଗକୁ'
ତେଣୁ ଚିରିଫାଡ଼ି ତାକୁ ପୂରେଇ ଦିଅ
ଜାଳକାଠ ପରି ଚୁଲ୍ଲୀରେ
ଯଦି ନ ପାରୁଛ ତାହାଲେ ସେଥିରେ

କିଛି ଉପକରଣ, ଅନ୍ତତଃ ଖଟୁଲିଟିଏ
ତିଆରି କରିଦିଅ
ଏଥିରେ ତାକୁ ମିଳିଯିବ
ଏକ ନୂଆ ଜୀବନ...

କିନ୍ତୁ ଖୁବ୍ ଯତ୍ନର ସହ
ଏସବୁ ଶବ୍ଦ ବିଚାରି ଯେତେବେଳେ ପହଞ୍ଚିଗଲି
ତା'ରି ପାଖରେ, ତା'ରି ଆଖି ଦିଓଟି ସାମ୍ନାରେ
ଭୁଲିଗଲି ସବୁକିଛି
ଯାହା କିଛି ଭାବି ଭାବି ଯାଇଥିଲି ତା' ପାଖକୁ-
'ଡଙ୍ଗା ଠାରୁ ସଂସାର ଚାଲିଗଲାଣି ଢେର ଆଗକୁ'-
ଏକଥା କହିବାକୁ ସାହସ ହୋଇଗଲା ତତ୍‌କ୍ଷଣାତ୍

ସେହି ଆଖି ଦିଓଟି ଏପରି ଚାହିଁ ରହିଥିଲା
ଜାଣ ଯେପରି ସେ କହୁଛି -
କାଠର ଏକ ଜୀର୍ଣ୍ଣ ନିର୍ମାଣଟି ଇଏ ହୋଇପାରେ
ହେଲେ ରହିବାକୁ ଦିଅ ତାକୁ 'ଡଙ୍ଗା' ଭାବରେ

ଯଦିବା ରହିଛି ତାହା ସେଇଠି
ଦିନେନା ଦିନେ ଫେରିଆସିବ ନଈ
ତା'ପାଖକୁ

ମୁଁ ଜାଣିଛି
ସେ କେବେ ଫେରିଆସିବ ନାହିଁ ଲେଉଟି
ଆସିବ ଯଦି ସେ ହୋଇଯିବ ଆରେକ ନଈ
ଯଦି ବୁଲିଯିବ ଅନ୍ୟ କେଉଁଆଡ଼େ

ତେଣୁ ଯିବା ପୂର୍ବରୁ
ମୁଁ ସେହି ଜୀର୍ଣ୍ଣ ନିର୍ମାଣ ନିକଟରେ
ନୁଆଁଇ ଦେଲି ମୁଣ୍ଡ
ଯେମିତି କୌଣସି ଯାତ୍ରୀ ନଈ ପାର ହୋଇ
ଚାଲିଯାଇପାରେ ନିରାପଦରେ ନିଜ ଘରକୁ

ମୁଁ ସେମିତି ଫେରିଆସିଲି
ଚୁପ୍‌ଚାପ୍‌।

ହଳନ୍ତକୁ କ'ଣ କରିବା

ମୋତେ କୁଆଡ଼େ ଯିବାର ଥିଲା
କାଟି ସାରିଥିଲି ଟିକଟ
ବନ୍ଧାବନ୍ଧି କରିସାରିଥିଲି ମୋ ଜିନିଷପତ୍ର
ଏତିକି ବେଳେ ମନେପଡ଼ିଲା ହଠାତ୍ -
ଏବେ ତ କାମ ବାକିପଡ଼ିଛି ବେଶ୍ କିଛି
ଏତେ ଏତେ ଭାବିବାର ଥିଲା ଯେ
କାମ ଭିତରୁ ପିଚିକି
ବାହାରି ପଡ଼ିଲେ ଗୋଟିଏ ପରେ ଗୋଟିଏ କାମ

ମନେପଡ଼ିଲା
ଏବେ ମୋତେ ଜମା କରିବାକୁ ଅଛି ଟିକସ
ଏମିତି ଏକ ଅଫିସ୍‌ରେ
ଯାହାର ନାଁ-ଠିକଣା କିଛି ବି ନାହିଁ ମନେ

ଏବେ ସମୟ କମ୍
ଆଉ ମୋତେ ଉପସ୍ଥିତ ହେବାକୁ ହେବ ସଶରୀରେ
ପେନ୍‌ସନ୍ ଅଫିସରଙ୍କ ଟେବୁଲ୍ ସାମ୍ନାରେ
ପ୍ରମାଣ ଦେବାକୁ ହେବ -
ଦେଖନ୍ତୁ, ମୋତେ ଭଲ ଭାବେ ଦେଖନ୍ତୁ
ମୁଁ ସେହି ଲୋକ ଛିଡ଼ା ହୋଇଛି
ଆଉ ଏଯାଏଁ ବଞ୍ଚି ରହିଛି

ପୁଣି ଲେଖିବାକୁ ଅଛି ଚିଠିଟିଏ
କବିବର ତ୍ରିଲୋଚନଙ୍କୁ
ଜଣାନାହିଁ ଏବେ ତାଙ୍କ ଠିକଣା କ'ଣ !
ଆଉ ଶାସ୍ତ୍ରୀ ମହାଶୟଙ୍କୁ
ଆମ ଭାଷାରେ ହଳନ୍ତକୁ କରିବା କ'ଣ ?

ହଁ ପଠାଇବାକୁ ପଡ଼ିବ ଏକ ମତାମତ
ରାଜେନ୍ଦ୍ର ଯାଦବଙ୍କୁ ଯେ ବନ୍ଧୁ,
କେମିତି ହେବ ସେହି ସେମିନାର
କଥାରେ ଫାଣ୍ଟାସି
ଆଉ ତାଙ୍କ ପାଇପ୍‌ରୁ ବାହାରୁଥିବା
ଧୂଆଁ ବିଷୟରେ

ଏବଂ ଶେଷରେ,
ହେଲେ ସବୁଠୁ ଆଗରେ
ମୋତେ କରିବାକୁ ଅଛି ପରାମର୍ଶ
ଜୀବନର କିଛି ଗଭୀର ଉଦାସ ବିଷୟରେ
ଉଦାସ ସମସ୍ୟା ବଢ଼ି ବଢ଼ି ଯାଉଛି ସହରରେ

ତେଣୁ ଟିକଟ ଫେରେଇ ଦେଉଛି
ହେଲେ ଯାତ୍ରା ଜାରି ରହିଛି...

କବିତା

ମୃତ୍ୟୁର ସମସ୍ତ ଘୋଷଣା ସତ୍ତ୍ୱେ
ସେ ଆଜି ବି ରହିଛି ଜୀବନ୍ତ
ଲୋକମାନେ ଏବେ ବି ଶୁଣୁଛନ୍ତି ତାକୁ
ଗାଁ ଗହଳିରେ ଓ ସହରରେ
କେବେ କେବେ ସେ ପବନ ସାଥୀରେ ବୋହି ହୋଇଯାଏ
କୌଣସି ହାଟ ବଜାର ଯାଏ
ଘୂରି ବୁଲି ଆସେ ତାହାରି କୌଣସି ପଙ୍‌କ୍ତି
ଯେତେବେଳେ ଲୋକମାନେ କରନ୍ତି
ତାହାରି ଉଦ୍ଧୃତି,
ଟିକିଏ ଅଟକି ଯାଇ ଶୁଣନ୍ତୁ
ତାହାର ଶବ୍ଦମାନଙ୍କ ମଝିଫାଙ୍କରେ
ହଠାତ୍ ଝଟକି ଉଠେ କେତେଥର
ବୁଝିନିଅ ଯେ ଯେଉଁମାନେ ମାରିଯା'ନ୍ତି ଜଙ୍ଗଲରେ
ସେମାନଙ୍କ ଯୁବା ଓଠରୁ
ପ୍ରାୟତଃ ବାହାରି ଆସିଥାଏ
କୌଣସି ନା କୌଣସି କବିତା

ମୁଁ ଜାଣେନା
କବିବର କପୀଶ ପ୍ରଥମ ରାମାୟଣ
ଲେଖିଥିଲେ କି ନାହିଁ ପଥର ପିଠିରେ
ଏବେ କିଛିଦିନ ତଳେ

ମୁଁ ଯେତେବେଳେ ଯାଉଥିଲି
ପୂର୍ବୋତ୍ତର ପାହାଡ଼ ଘାଟି ଉପରେ
ସେଦିନ ପ୍ରଥମ ଥର ଜାଣିଲି ଯେ
ଆମ ସମକାଳର ସବୁଠୁ ଜୀବନ୍ତ ପଙ୍‌କ୍ତି ସବୁ
ଲେଖା ଚାଲିଚି ଗଛ ଓ ପଥରର ଜିଭ ଉପରେ

ସେ ବଞ୍ଚି ରହିଛି ଆଜି ବି
କେବଳ ଯାହା ବଦଳି ଯାଇଛି ଠିକଣା
ଆଜିବି ଆସୁଛି ଚିଠି ତାହାରି ନାଁରେ
ପରିଶ୍ରାନ୍ତ ଡାକବାଲା
ପରିଶ୍ରାନ୍ତ ସରକାର -
କଅଣ କରାଯିବ ଏଇ କବିତାର
ପବନ ଦିଅ
ପାଣି ଦିଅ
ଟିକସରେ ଦେଇଦିଅ ଯେତେ ରିହାତି
କିନ୍ତୁ ଭୋଟ୍ ମାଗିବାକୁ ଗଲାବେଳେ
କେବେ ବି ମିଳେନାହିଁ ସେ ତା' ଠିକଣାରେ !
କେଜାଣି କେଉଁ ପ୍ରକାରର ବଣୁଆ ଲତା ସେ
କୌଣସି ଜାତୀୟ ଉଦ୍ୟାନରେ
ସଂରକ୍ଷିତ ରହିଛି କି ନାହିଁ !!

ଗବେଷଣା

ତାହା ଥିଲା ଏକ ଯାତ୍ରା
ନଦୀର ଅନ୍ତିମ ସ୍ଥାନରୁ ଉତ୍ସ ଯାଏ
ଆଉ ମୁଁ ବି ନଥିଲି ଏକଲା
ଆହୁରି କିଛି ଲୋକ ଚାଲୁଥିଲେ ସାଥୀରେ
କିଛି ହୁଏତ ଥିବେ ନିଶ୍ଚୟ ଆଗରେ
ଏହି ବିଶ୍ୱାସ ହିଁ ଟାଣି ନେଇଥିଲା ମୋତେ ଆଗକୁ
ମୁଁ ଥିଲି ବେଶ୍ ଖୁସୀ
ଏଇଥି ପାଇଁ ଯେ ପୃଥିବୀ ବି ଚାଲିଛି ମୋ ସାଥୀରେ

ପବନ ବହୁଥିଲା ଅକ୍ଟୋବର ମାସର
ଯହିଁରେ ଥିଲା ନଭେମ୍ବର ଆଗମନର
ଧୀର ଆହ୍ୱାନ
ଆଉ ବିଶ୍ୱାସ ଥିଲା ଯେ
ଆମେ ଯାଇ ଯେଉଁଠି ପହଞ୍ଚିବୁ
ସେଇଠି ହିଁ ଆମକୁ ଅପେକ୍ଷା କରିଥିବ
ଡଙ୍ଗାଟିଏ
ଆଉ ମାଛମାନେ ଆଗକୁ ଚାହୁଁଥିବେ
ପାଣି ଭିତରୁ

ମୋତେ ଅଟକି ଯିବାକୁ ହେବ ସେଇଠି
ଅଧ୍ୟୟନ କରିବାକୁ ହେବ ସେଠାକାର ଭାଷା

ଯେଉଁଥିରେ କଥା କହୁଥିବେ ମାଛମାନେ
ବୋହିଯାଉଥିବା ପାଣି ଭିତରେ
ଆଉ ସେହି ବିଳାପକୁ
ଯାହା ବାହାରି ଆସୁଥିବ ତାଙ୍କ ଉଜ୍ଜ୍ୱଳ ଆଖିରୁ
ଆଉ ସେହି ପ୍ରଯୁକ୍ତିକୁ
ଯାହା ପ୍ରୟୋଗ କରିଚାଲିଛି ଆମ ବଜାର
ତାଙ୍କର ପାଣିରୁ ଜାଲ ପର୍ଯ୍ୟନ୍ତ
ପହଞ୍ଚିଯିବାର ଯାତ୍ରାରେ

ଇଏ ଏକ ଦିଗ
ଯେଉଁଠି ରହିଛି ଗବେଷଣାର ଅତଳ ରହସ୍ୟ
ଯାହା କହିଥିଲେ ମୋ'ରି ଭାଷାଶାସ୍ତ୍ରର
ବନ୍ଧୁଜଣକ

କିନ୍ତୁ ଯେଉଁଠି ଥିଲା ଆମକୁ ପହଞ୍ଚିଯିବାର
ସେଇଠି ପହଞ୍ଚି ଜଣାପଡ଼ିଲା
ନା ସେଇଠି ଅଛି ପାଣି ନା ଜାଲ

ମାଛ ସବୁ କେବେଠୁ
ପହଞ୍ଚି ଯାଇସାରିଲେଣି ମାଛ-ବଜାରରେ ।

ଗାମୁଛା ଓ ତଉଲିଆ

ଗାମୁଛା ଓ ତଉଲିଆ
ଦିହେଁ ଏକ ତାର ଉପରେ ଟଙ୍ଗା ହୋଇ
ଶୁଖୁଥିଲେ ଏକା ସାଥୀରେ
ସେମାନେ ଟଙ୍ଗା ହୋଇଥିଲେ
ଯେପରି ଦୁଇଟି ସଂସ୍କୃତି
ଦୁଇଟି ହାତପରି - ବାମ ଓ ଡାହାଣ
ଝୁଲି ରହିଥିଲେ ପାଖାପାଖି

ଟାଣ ଖରାର ଟିକେ ଉଷ୍ମତା ପରେ
ମୁଁ ଶୁଣିଲି -
ତଉଲିଆ କହୁଥିଲା ଗାମୁଛାକୁ
ତୁ ଶୁଖୁଛୁ ହିନ୍ଦୀରେ, ଶୁଖୁଥା'
ମୁଁ ଇଂରାଜୀରେ କିଛି ସମୟ ପାଇଁ
ଭାଗିଁ ନେଉଛି ମୋ ଅଳସ।

ଗଜଲ

ଉଡ଼ିଯାଉଥିବା ଚଢ଼େଇଙ୍କୁ ପଚାରି ନିଅ ତାଙ୍କ ଠିକଣା
ପଚାରି ନିଅ ଥରେ
କ'ଣ ଥିଲା ତାଙ୍କରି ଅପରାଧ

ଯେଉଁ ଘର ଥିଲା କେବେ ସେମାନଙ୍କର
ଆଉ ନ ଥିଲା ଯାହାର ଘର
ପଚାରି ନିଅ କେଉଁଠି ଅଛି ସେ ସହର।

ଜଣେ କେହି ତ ସେଇଠି ରହିଛି
ଜେଲ୍‌ରେ ତ ତା' ଠିକଣା
ପଚାରି ନିଅ ସବୁରି ତରଫରୁ
ହସିବା କ'ଣ ଏଇଠି ମନା

ଏବେ ଏକକୁ ଆରେକ ବାଜିଲା ଯଦି ଜଞ୍ଜିର
ଦେବ ବି କେହି ନୂଆ ରଙ୍ଗ ତାକୁ ଯାଇ ପଚାର

ସହରରେ ବାଜିଲା ବାରଟା
ହେଲେ କେତେ ସମୟ ତା'ର
ଘଡ଼ିରେ ବାଜିଛି କେତେ ଏବେ
ତାଙ୍କୁ ଯାଇ ପଚାର

କେଦାର ବାବୁ, ଗଜଲ ଇଏ, ନୁହଁଇ ମାଉସୀ ଘର
ଇଏ ଘରକୁ ଆସିଲ କେମିତି
ତମେ ଟିକେ ଯାଇ ପଚାର।

ସର୍ଜନାର ନିରୀକ୍ଷଣ

ଟାଙ୍ଗର ଭୂମିରେ ଟଳମଳ କଠଉ ପିନ୍ଧି
ସେ ଛିଡ଼ା ହୋଇଥିଲା ସାମ୍ନାରେ
ସୀମନ୍ତର ପ୍ରହରୀ ପରି
ଯେପରିକି ମୁକ୍ତିବୋଧଙ୍କ ବ୍ରହ୍ମରାକ୍ଷସ !
ଏକ ଶୁଖିଲା ବୟୋବୃଦ୍ଧ ବୃକ୍ଷ
ଯାହାର ଅଗରେ ଦୋହଲୁଥିଲା
ତିନି ଚାରୋଟି ପତ୍ର

କେତେ ଐଶ୍ୱର୍ଯ୍ୟମୟ ଦିଶୁଥିଲା
ଏକ ଶୁଖିଲା ଗଛର ମୁଣ୍ଡ ଉପରେ
କେବଳ ମାତ୍ର ଏଇ ତିନି ଚାରୋଟି ପତ୍ରର
ଦୋହଲିବା ଦୃଶ୍ୟ

ସେହି ବିକଟ ମରୁଡ଼ିରେ
ସର୍ଜନାର ନିରୀକ୍ଷଣ କରୁଥିଲେ
ମାତ୍ର ତିନି ଚାରୋଟି ପତ୍ର ।

ବାବୁଲା ଗଛ ତଳେ ଶୋଇଛି ପିଲାଟିଏ

ବାବୁଲା ଗଛ ତଳେ
ଶୋଇଯାଇଛି ପିଲାଟିଏ,
ଖଣ୍ଡେ ବାସି ରୁଟି
ଗୋଟେ ଟିଣ ଡବା
ଏକ ଖାଲି ଝୁଡ଼ି ଶୋଇଯାଇଛି ବି
ବାବୁଲା ଗଛ ତଳେ
ମା' ଏବେ ଝାଡୁ ପହଁରାରେ ବ୍ୟସ୍ତ

ଉପର କଣ୍ଟା ଦେଇଚାଲିଛି ମୃଦୁ ସ୍ପର୍ଶ
ତଳେ ମାଟି ଝୁଲାଇ ରଖିଛି ତାକୁ

ଦିଲ୍ଲୀକୁ କହିଦିଅ
ହରିକୋଟାକୁ କହିଦିଅ
ଦୁନିଆର ସବୁ ରାଡ଼ରକୁ କହିଦିଅ
ଏବେ ଏବେ ତିଆରି ହୋଇଥିବା
ଅନ୍ତରୀକ୍ଷ ଯାନ ଶୋଇଯାଇଛି
ବାବୁଲା ଗଛ ତଳେ

ନା... ନା...
ଏବେ ଓଲଟ ଗଣନା କରନାହିଁ ଆରମ୍ଭ
ଏବେ ଡେରି ଅଛି ତାହାରି ଉଡ଼ାଣ
ମା' ଏବେ ବ୍ୟସ୍ତ ଅଛି ଝାଡୁ ପହଁରାରେ
କ୍ଷୀର ଏବେ ଆଉଟା ଚାଲିଛି
ଝାଳର ତେଜରେ
ପାଉଣା ମିଳିବ ଯାଇ
ଛଅ ଘଣ୍ଟା ପରେ...

ପଡ଼ିଶା

ଆଜି ସକାଳୁ ସକାଳୁ ଆସିଗଲେ
ମୋର ଜଣେ ପଡ଼ିଶା
ଆଉ ଆସୁ ଆସୁ ବର୍ଷି ଗଲେ
ଫେବୃଆରି ମାସର ସେହି ଶୀତୁଆ ପବନ ଉପରେ
ଯହିଁରେ ସେତେବେଳେ ଥରୁଥିଲୁ
ଆମେ ଦିହେଁ

ତାଙ୍କର ଧାରଣା ଥିଲା ଯେ
ଏମିତି ଥଣ୍ଡା ପବନ କେତେ ବର୍ଷ ହେଲା
ବହି ନାହିଁ ପୃଥିବୀର କୌଣସି ବି ଅଞ୍ଚଳରେ

ତାପରେ ସେ ହୋଇଗଲେ ଖୁବ୍ ବିଷଣ୍ଣ
ଚିନ୍ତା କରି ସେହି କୁକୁର ବିଷୟରେ
ଯିଏ ଚାପି ହୋଇ ମରିଯାଇଥିଲା
ଏକ ଭିଡ଼ ମଝିରାସ୍ତାରେ

ପ୍ରକୃତରେ କିଏ ମାରି ଦେଉଛି
ଏତେ ଏତେ କୁକୁରଙ୍କୁ -
ସେ ପଚାରିଲେ ଅତ୍ୟନ୍ତ ସରଳ ଭାବେ

ତାପରେ ସେ ନିଜେ ହିଁ ଉତ୍ତର ଦେଲେ
କୁକୁରଙ୍କ ମୃତ୍ୟୁ ବିଷୟରେ
କହିହେବ ନାହିଁ କିଛି ବି,
କେବଳ ଏତିକି କହିହେବ ଯେ
ସେମାନେ ମରିଯାଆନ୍ତି ଠିକ୍ ଏଇ ବୟସରେ
ଯେତେବେଳେ ଭୋକରେ ଆଉଟୁ ପାଉଟୁ ହୋଇ
ଲମ୍ଫ ମାରି ଯିବାକୁ ଚାହାନ୍ତି
ରାସ୍ତାର ଏପାରିରୁ ସେପାରିକୁ

କହୁ କହୁ ସେ ଅଚାନକ ହୋଇଗଲେ ନିରବ
ତାପରେ ଚା'ର ଗରମ ଗରମ ବାମ୍ଫ
ଆଉ ପଡ଼ୋଶୀଙ୍କ ଚର୍ଚ୍ଚା -
ଯହିଁରେ ସାମିଲ ଥିଲା
ଜଣେ ଭଦ୍ର ପଡ଼ୋଶିନୀଙ୍କ ନାକ,
ଆମେ ଧୀରେ ଧୀରେ ଭୁଲିଗଲୁ
କୁକୁରର ମୃତ୍ୟୁ ବିଷୟ
ଆଉ ମୁରୁକି ମୁରୁକି ହସିଲୁ
ଯେପରି ପଡ଼ିଶାମାନେ ହସନ୍ତି
ଦେଖି ପରସ୍ପରକୁ

ମୋତେ ବି ଲାଗିଲା-
ଆମକୁ ଦେଖି ମୁରୁକି ମୁରୁକି ହସିଲେ
ଆମରି ଚା'କପ୍ ଦୁଇଟି।

ଅଧିକାର

ପକ୍ଷୀମାନଙ୍କୁ ସୁଯୋଗ ଦିଅ
ନିଜର ସିଦ୍ଧାନ୍ତ ନିଜେ ନେବାକୁ
ଉଡ଼ିବାକୁ ଦିଅ ସେମାନଙ୍କୁ
ଭାରତରୁ ପାକିସ୍ତାନ ଯାଏ
ଆଉ ପାକିସ୍ତାନରୁ ଭାରତର
ଗଛମାନଙ୍କ ଆଡ଼କୁ

ଯଦି ସୀମାନ୍ତ ଏକାନ୍ତ ଆବଶ୍ୟକ
ତାଙ୍କୁ ପଡ଼ିରହିବାକୁ ଦିଅ
ଯେଉଁଠି ସେମାନେ ପଡ଼ିରହିଛନ୍ତି

କିନ୍ତୁ ହାତକୁ ଦିଅ ଅଧିକାର
ହାତ ସହିତ ମିଳନ ହେଉ ହାତର
ପାଦକୁ ଦିଅ ଅଧିକାର
ଯେତେବେଳେ ଇଚ୍ଛା
ସେମାନେ ଯାଇ ପାଦ ଥାପି ଆସନ୍ତୁ
ସେପାରି ରାସ୍ତାରେ

ଚାଲୁ ରହିଥିବା ଆଳାପ
ହୋଇ ଚାଲୁଥିବା ଦସ୍ତଖତ
ଏସବୁ ଠିକ୍ କଥା
ଏସବୁ ଠିକ୍ କଥା
କିନ୍ତୁ ଅଧିକାରକୁ ଦିଅ ଅଧିକାର
ଯେପରି ତାହା ବଞ୍ଚି ରହିଥାଉ।

ପାଦ

ଚାଲିବା ହେଉଛି ତାହାରି ଭାଷା
ବସିରହିବା ହେଉଛି ତାହାରି ନିରବତା

ତମକୁ ଜଣା ବି ପଡୁନାହିଁ
ଯେତେବେଳେ ତମେ ଘରୁ ପାଦ କାଢୁଛ ପଦାକୁ
ତମରି ହିନ୍ଦୀ ପାଦକୁ –
'ଆପ୍‌ନି କୋଥାୟେ ଯାବେନ୍‌?'

ଏକ କଅଁଳ ଶିଶୁର ପାଦ
ଯେଉଁଦିନ ପ୍ରଥମ ଥର
ମାଟିକୁ କରୁଛି ସ୍ପର୍ଶ
ତାହା ଗୁଞ୍ଜରି ଉଠୁଛି ଢେର ସମୟ
ସାରା ଭୂମଣ୍ଡଳରେ

ଭୂମଣ୍ଡଳିକରଣ ହେଉଛି
ଆଦିମ ସୃଷ୍ଟି
ଏଇ ଚଳମାନ ପାଦର

ଚୀନର ଏକ ଯାଦୁଘରେ
ମୁଁ ଦେଖିଥିଲି କେତେ ଶତାବ୍ଦୀ ତଳର
ଏକ ପୁରୁଣା ପାଦ
କିଏ ଜାଣେ କେତେ ଶହ ବର୍ଷରୁ
ଚାଲୁଥିଲା ସେ ରହିରହି

କେବେ ଚାଲୁ ଚାଲୁ ଅଚାନକ
ତୀବ୍ରତର ହୋଇ ଚାଲିବା ଯଦି ଆରମ୍ଭ କରେ
ତମରି ପାଦ
ତାହାଲେ ବୁଝିପାରିବ ଯେ
ସେ ଶୁଣିପାରୁଛି
କୌଣସି ଜଞ୍ଜିରର ଝଣଝଣ ଶବ୍ଦ

କେବେ ପଢ଼ିନେବ ଧ୍ୟାନର ସହିତ –
ରାସ୍ତାରେ ରହିଛି ସେ ପଙ୍କ୍ତି
ଯାହାକୁ ଲେଖିସାରି ଭୁଲିଯାଇଛି
ସେଇ ପାଦ।

ନିରୁଦ୍ଦିଷ୍ଟ କବି

ଦିନ ଦ୍ୱିପ୍ରହର ବେଳା
ଜୀବନ ପଡ଼ିଛି ସଡ଼କ ଉପରେ
ଯେମିତି ଏକ ଢେଲା

ହେ ଭିକ ମାଗୁଥିବା ବାଳୁତ
ଦେଖ ତମରି ଦିଲ୍ଲୀ
ଆମେ ଅଟୁ କେତେ ସତ

ସହର ଜଳୁଛି ଏମିତି
ସବୁରି ଚେହେରା ଲାଗୁଛି
ସତେ ନିଆଁଧାସ ଯେମିତି

ସମୟ ଚାଲିଛି ଟିକ୍‌ଟିକ୍
ଏଇ ସହରରେ ହଜିଯାଇଛି
ମୋ କବି 'ବଲିୟାଟିକ୍'ଅ

ଗହମ ରଙ୍ଗର ବାଙ୍ଗର
ଫେରୁଛି ସେ ଏଇ ବାଟରେ
ଖଣ୍ଡିତ ସିଏ ନିଜ ଚଉହଦିର

କିଏ ବା ଜାଣେ, କ'ଣ କହେ ସେ
ଭୋଜପୁରୀରେ କାନ୍ଦେ
ହିନ୍ଦୀ ଭାଷାରେ ସଦା ହସେ

ଇଏ ତ ତା'ଯିବା ଆସିବା ରାସ୍ତା
କୋଳେଇ ନିଅ ତାକୁ
ସିଏ ତ ସବୁରି ପାଇଁ ଛତା।
ଉତ୍ତର ପ୍ରଦେଶର ବଲିୟା ନିବାସୀମାନେ ଏହି ନାମରେ ନାମିତ।

ପତ୍ନୀଙ୍କ ଅଷ୍ଟବିଂଶତମ ପୁଣ୍ୟତିଥିରେ

ପ୍ରଥମେ ସେ ଗଲା
ତାପରେ ଧୀରେଧୀରେ ଚାଲିଗଲା
ଅନେକ ଦିନ ସବୁ
ଆଉ ଢେର୍ ସାରା ଚଢ଼େଇ ଓ
କେତେ କେତେ ଭାଷା
କେତେ ଜଳସ୍ରୋତ ଚାଲିଗଲା ପୃଥିବୀରୁ
ଯେତେବେଳେ ଛାଡ଼ି ଚାଲିଗଲା ସେ

କେବଳ ବଞ୍ଚି ରହିଗଲା ଶୂନ୍ୟତା
ସେଥିରେ ରହିବାକୁ ଆସିଗଲେ
ଦଳ ଦଳ ଶବ୍ଦ ଓ ବହିସବୁ
ଆଉ ଲିଖିତ ଅଲିଖିତ କବିତାର ସ୍ରୋତ

ଆଉ ଏମିତି ସଞ୍ଜ ହୋଇଯାଏ ସକାଳ
ସକାଳ ଧୀରେଧୀରେ ବଦଳିଯାଏ ସଞ୍ଜରେ
ଦିନେ ଭାବିଲି ଗୋଟିଏ କଥା
ଯାହା ଶୂନ୍ୟ ପଡ଼ିରହିଛି
ସେଥିରେ ଭରି ହୋଇଯାଉ କିଛି
କେବଳ କବିତା ହେଉ ବା କ୍ରେମଲିନ୍
ଦେଖି ଆସିଲି-

ଲଣ୍ଡନ
ପ୍ୟାରିସ୍
ଆଉ ସାତ ସମୁଦ୍ର ସେପାରିର
ଲିବର୍ଟି ଷ୍ଟାଚ୍ୟୁ -
ଅର୍ଥାତ୍ ଏକ ବୃଦ୍ଧା ବିହଙ୍ଗର
ଚୁଁ... ଚୁଁ... ଚୁଁ... ଚୁଁ...

ଆଉ ଶୂନ୍ୟ ପଡ଼ିଥିଲା ଯାହା
ହୋଇଚାଲିଲା ଶୂନ୍ୟ,
ଆହୁରି ଶୂନ୍ୟ

ଦିନେ ଦେଖିଲି ଯେ ନାଁ ଡାକି ଡାକି
ସାମ୍ନାରୁ ଆସୁଛି ମଞ୍ଚ ଓ ମାଇକ୍
ଫୁଲତୋଡ଼ା ଓ ପୁରସ୍କାର
ଆଉ ଯେତେବେଳେ ଅଳଂକୃତ ହୋଇ
ଓହ୍ଲାଇ ଆସୁଥିଲି ତଳକୁ ତ
ଲାଗିଲା କେହି ଜଣେ ଫିସ୍ ଫିସ୍ କରି
ମୋ କାନରେ କହୁଛି -
କବି ମହାଶୟ,
ଇଏ କେମିତିକା ମଞ୍ଚ
ଶବ୍ଦର ଇଏ କେମିତିକା ଉତ୍ସବ
ଏଇଠି ପ୍ରେମର ଏକମାତ୍ର ଧ୍ୱନି
ପୁରସ୍କାର !

ଲୁହର ଓଜନ

କେତେ ଲକ୍ଷ ରଡ଼ି
କେତେ କୋଟି ବିଳାପ ଓ ଚିତ୍କାର ପରେ
କୌଣସି ଆଖିରୁ ଝରିପଡୁଥିବା
ବିନ୍ଦୁଟିକୁ ନାଁଟିଏ ମିଳିଥିଲା –
ଲୁହ

କିଏ କହିପାରିବ
ବୁନ୍ଦାଟିଏ ଠାରୁ ଲୁହ
କେତେ ଓଜନଦାର।

ନିରବତା

ନିରବତା ବଢ଼ି ବଢ଼ି ଚାଲିଛି
ସେଇ ସମସ୍ତ ଜାଗାରେ
ଯେଉଁଠି କିଛି କହିବା ଥିଲା ଜରୁରୀ
ବଢ଼ି ଚାଲିଛି ସେ
ଯେପରି ବଢ଼ିଚାଲେ କେଶ
ଯେପରି ବଢ଼ିଚାଲେ ନଖ
ମାତ୍ର ଆଶ୍ଚର୍ଯ୍ୟର କଥା ଯେ
ସେ କାହାରିକୁ ବି ହେଲେ
ଦିଏନା କଷ୍ଟ

ମୁଁ ଥରେ ଶୁଣିଥିଲି
ଜଣେ ବୟସ୍କଙ୍କ ଠାରୁ ଯେ
ନିରବତା ଯେତେବେଳେ ବଢ଼ିଯାଏ
ଅନ୍ଧାରରେ ନଦୀ ବୋହିଯିବା ପରି
ନିରବ ହୋଇଯାଏ
ଏକ ସମଗ୍ର ସମାଜ
ଏକ ପ୍ରାଣ ସ୍ପନ୍ଦିତ ଜାଗ୍ରତ ରାଷ୍ଟ୍ର
ଭୁଲିଯାଏ ଆପଣାର ଭାଷା
ଆଉ ଏକ ଫୁଲ ଫୁଟିବା ଠାରୁ ବି
କମ୍ ଶବ୍ଦରେ ଭାଙ୍ଗିଯାଏ ପାହାଡ଼,

ହଁ, ବନ୍ଧୁଗଣ
ଯଦି ବା କିଛି କହୁଛି ଏକ କୁକୁର
କହିବାକୁ ଦିଅ ତାକୁ
ସେ ସେଇଠି କହିଚାଲୁଛି
ଯେଉଁଠି କେହି ବି ହେଲେ
କିଛି ହିଁ କହୁ ନାହାନ୍ତି ।

ପ୍ରଫେସର ଓର୍‌ୟାମ ସିଂହ

(ଋଷୀୟ କବିତାର ପ୍ରସିଦ୍ଧ ଅନୁବାଦକ)

ତଟକା ତଟକା ଆପେଲ୍ ଗନ୍ଧ ନେଇ
ସେ ଫେରୁଥିଲେ ବଜାରରୁ
ମୁଁ ଧୀରେ ପଚାରିଲି -
ଏ ବର୍ଷ ଆପେଲ୍ ଫସଲ କେମିତି ହୋଇଛି
ଓର୍‌ୟାମ ମହାଶୟ !

ସେ କହିଲେ 'ଖରାପ'
ପୁଣି ଯୋଡ଼ିଲେ - ଯାହା କିଛି ରହିଯାଇଛି
ସେସବୁକୁ ଚଢ଼େଇଙ୍କ ଡର

'ଚଢ଼େଇଙ୍କ ଡର!'

ହଁ ହଁ, ଚଢ଼େଇଙ୍କ ଡର
ସେମାନେ ଦଳ ଦଳ ହୋଇ ଏମିତି ଆସୁଛନ୍ତି
ଯେମିତି କି ତାହା ତାଙ୍କରି ହିଁ ବଗିଚା
ବିଡ଼ମ୍ବନା ଯେ ଚଢ଼େଇଙ୍କ ଅଇଁଠା ଫଳକୁ
ବଜାରରେ ପଚାରନ୍ତି ନାହିଁ କେହି -
ଏତିକି କହିଦେଇ ସେ ହୋଇଗଲେ
ଚଟାଣ ପରି ସ୍ଥିର ଓ ନିରବ
ଆଉ ମୁଁ ଶୁଣୁଥିଲି ଅସ୍ପଷ୍ଟ ଭାବେ

ତାଙ୍କ ଓଠ ସନ୍ଧିରୁ ବାହାରୁଥିବା କଥାକୁ
'ବଗିଚା ବରଂ ହୋଇଥାଉ ମୋର
ହେଲେ ଫଳ ତ ସେଇମାନଙ୍କର...'

ମୁଁ ଚାହିଁଲି ସେତିକି ବେଳେ
ତାଙ୍କରି ପାହାଡ଼ିଆ ଚେହେରାକୁ
ଯାହା ଲାଗୁଥିଲା ମୋତେ
ପୁଶ୍‌କିନ୍‌ଙ୍କ କୌଣସି ଛନ୍ଦ ପରି।

କବି ଦେବେନ୍ଦ୍ର କୁମାର (୧୯୩୩-୯୧) ଓରଫ ବଙ୍ଗାଲିଜୀ

କୁଶୀନାରା କୂଳରେ ଜନ୍ମ ହୋଇଥିଲା ତାଙ୍କର
ପ୍ରାୟତଃ ସେହି ଆଖପାଖ ତଟରେ
ବୁଦ୍ଧ କରିଥିଲେ ତାଙ୍କର ଅନ୍ତିମ ସ୍ନାନ

ଏଇଥି ପାଇଁ ବୁଦ୍ଧଙ୍କ ହସର
ଦୁଇ ଚାରିଟା ଝଲକ ସହଜରେ
ମିଶିଯାଉଥିଲା ଉତ୍ତରାଧିକାର ସୂତ୍ରରେ
ତାଙ୍କ ସହିତ

ନିଜ ପରିବେଶରୁ ଆହୁରି ବି କିଛି
ମିଳିଥିଲା ତାଙ୍କୁ -
ଦୁଃଖ, ଅପମାନ ଓ
ଏସବୁ ଭିତରେ, ଏସବୁକୁ ନେଇ
ହସିବାର ଏକ ଅଦ୍ଭୁତ କ୍ଷମତା ବି

ସେ ଥିଲେ ଦଳିତ
ହେଲେ କବିତା ଲେଖୁଥିଲେ
କବିତାର ସର୍ତ୍ତ ଉପରେ
ଏପରି ଜଣେ କବି ଯିଏ ପୂରାପୂରି

ସ୍ୱଚ୍ଛ ଭାବେ କହିପାରୁଥିଲେ ସଂସାରକୁ -
"ପାଦ ଦୁଇଟିକୁ ଚାଟିପକାଇଲା ଜୋତା
ହେଲେ ବଞ୍ଚି ରହିଛୁ ଆମେ ଆମର ସାଧ ମତେ"

ମୁଁ ତାଙ୍କ କବିତା କୋଠରି ଦେଖିଥିଲି
ସେହି ଅଦୃଶ୍ୟ ଶରଶଯ୍ୟାକୁ ବି
ଯାହା ଉପରେ ଶୋଇ ରହୁଥିଲେ ସେ
କେବେ କେବେ ତାଙ୍କର ଭଙ୍ଗା ଦୁଇଦାନ୍ତ ମଝିରେ
ଚାପିହୋଇ ଅନ୍ଧାରରେ ଅଟକି ଯାଇଥିବା
ଅଟ୍ଟହାସକୁ ବି ଦେଖିଥିଲି ମୁଁ

ରାସ୍ତାରେ ଚାଲୁଥିଲା ବେଳେ
ସେ ଥିଲେ ଏତେ ସାଧାରଣ ଯେ
ପାରି ହେଉ ନଥିଲା ତାଙ୍କୁ ଅଟକାଇ,
କୌଣସି ବି ମହାକାବ୍ୟରେ
ସେ ମିଳିଯାଇପାରନ୍ତି ଆପଣଙ୍କୁ
କୌଣସି ବି ଏକ ମୋଡ଼ରେ

ଯଦିଓ ତାଙ୍କ ଚାଲି ଯିବାର ବିତିଗଲାଣି
ଢେର ଦିନ
କିନ୍ତୁ ଚମକି ପଡ଼ିବ ନାହିଁ ମୋତେ
ହଠାତ୍ ଯଦି କୌଣସି ଦିନ
ତାଙ୍କ ପରି କେହି ଦିଶିଯାଆନ୍ତି
କୌଣସି ଜାତକ କାହାଣୀରେ ।

ସେହି ବାଂଲାଦେଶୀ ଯୁବକ,
ଯାହାକୁ ଭେଟିଥିଲି ରୋମ୍‌ରେ

ତାହା ଥିଲା ରୋମ୍‌ରେ, ଏକ ସଞ୍ଜବେଳେ
ହସର ଫୁଆରା ଓ ଚୁମ୍ବନର ଉଷ୍ମତାରେ
ଭରି ରହିଥିଲା ପାର୍କ
ଆଉ ସେହି ଛୋଟ ପାର୍କରେ
ହାତରେ ଫୁଟବଲ୍‌ଟିଏ ଧରି
ନାଚୁଥିଲା ଜଣେ ଶ୍ୟାମଳ ରଙ୍ଗର ଯୁବକ
କିଛି ଗୋରା ଲୋକମାନଙ୍କ ଏକ ଛୋଟ ଦଳ ଭିତରେ

ନାଚରେ ଫୁଟବଲ !
ଏହି ଭିନ୍ନ ଦୃଶ୍ୟ ଅଟକାଇ ଦେଇଥିଲା ମୋତେ
'ଇଏ ଜଣେ ବାଂଲାଦେଶୀ' ମୋ ଇଟାଲୀ ବନ୍ଧୁ ଜଣକ
ଏପରି କହିଲେ ଯେମିତିକି ମିଶିଯାଉଥାଏ
ନାଚ ଭିତରେ ଫୁଟବଲ୍‌ର ଛନ୍ଦ

ମୋର ନ ଥିଲା କୌଣସି ଜରୁରୀ କାମ
ତେଣୁ ପ୍ରତୀକ୍ଷା କଲି କିଛି ସମୟ
ଆଉ ଯେତେବେଳେ ଟିକିଏ ଥମିଲା ନାଚ
ମୁଁ ହାତ ବଢ଼ାଇଦେଲି ତା' ଆଡ଼କୁ
ପଚାରିଲି- ନାଁ କ'ଣ, ଭାଇ ?
'ଫୁଟବଲ୍' !
ସେ ଉତ୍ତର ଦେଲା ଗମ୍ଭୀର ଭାବରେ

ଆଉ କହିଲା -
ମୋର ବନ୍ଧୁମାନେ ଏଇଠି ଡାକନ୍ତି ମୋତେ
ଏଇ ନାଁରେ
ଆପଣ ଯଦି ଚାହାନ୍ତି
ମୋତେ ଡାକି ପାରନ୍ତି ଏଇ ନାଁରେ

ଯୁବକଜଣକଙ୍କର ବ୍ୟବହାର ଥିଲା ଆକର୍ଷଣୀୟ
ମୁଁ ପଚାରିଲି ଆରେକ ପ୍ରଶ୍ନ
କେବେ ଆସିଲ ଏଇ ରୋମ୍‌କୁ ?
ଆସିଲି କୁଆଡୁ ଆଜ୍ଞା -
କହିଲା ସେ
କାମ ଖୋଜି ଖୋଜି ଢାକା-ଚଟ୍ଟଗ୍ରାମ
କଲିକତା-ଦିଲ୍ଲୀ
କେଜାଣି କୁଆଡ଼େ କୁଆଡ଼େ ଗଲି

ମୁଁ ତ ଫୁଟବଲ୍‌ଟିଏ
ଯେତେବେଳେ ହେଲାନାହିଁ କିଛି
ଦେଶର ପବନ ଦିନେ
ଏମିତି କିକ୍‌ଟିଏ ମାରିଲା ଯେ
ଓ୍ୱାର୍କ ପରମିଟ୍ ନେଇ
ଆସି ପଡ଼ିଗଲି ଏଇ ରୋମ୍‌ରେ
ତେବେ ଠାରୁ ରହିଛି ଏଇଠି
କେବେ ମିଳିଯାଉଛି କାମ ତ
କେବେ ଚାଲିଯାଉଛି ହାତମୁଠାରୁ
କିନ୍ତୁ ଏଥିରେ ବି ରହିଛି ନିଜସ୍ୱ ଖୁସୀ !

ଏଇ କ୍ରୀଡ଼ା ରୂପକରେ
ଥିଲା ଏପରି ଏକ ପୀଡ଼ା ଯେ
ଦୋହଲି ଗଲି ମୁଁ
'ଆଉ ଇଏ'-
ମୁଁ ଫୁଟବଲକୁ ଇଙ୍ଗିତ କରି କହିଲି
ହସି ଉଠିଲା ସେ
ପୋଖରୀ ପାଣି ପରି ବାଂଲା ହସ
କହିଲା- ଯେତେବେଳେ ଛାଡ଼ିଲି ଦେଶ
ଏହାକୁ ବି ନେଇ ଆସିଥିଲି ସାଥୀରେ
ଏବେ ଇଏ ହିଁ ମୋର ଦେଶ
ବସ୍‌ରେ
ମେଟ୍ରୋରେ
ରାସ୍ତାରେ
ଯେଉଁଠି ବି ଥାଏ
ରହିଛି ଏହାରି ଭିତରେ ପବନ ପରି
ଆଉ ଧନ୍ୟବାଦ ଏହାକୁ
ଯେହେତୁ ଇଏ ହିଁ ଆଣିଦେଇଛି
କେତେ କେତେ ବନ୍ଧୁ -
ଜଣଙ୍କର ଆଜି ଜନ୍ମଦିନ
ତେଣୁ ମୁଁ ନାଚୁଛି ଏଇ ଅବସରରେ
ଆଉ ମୋ ସାଥୀରେ ନାଚି ଚାଲିଛି
ଏଇ ଫୁଟବଲ୍ ବି

ଏତିକି କହି ଦ୍ରୁତ ଚାଲିଗଲା ସେ
ହାତ ହଲାଇ ହଲାଇ
ସେ ମିଶିଗଲା ନୃତ୍ୟର ତାଳ ଭିତରେ

ମୋତେ ଭଲ ଲାଗିଲା
ଛନ୍ଦ ଲୟର ସେହି ବୃତ୍ତ ଭିତରେ
ଛୋଟିଆ ଜାଗାଟିଏ
ଏଯାଏ ଖାଲି ପଡ଼ିଥିଲା
ତାହାରି ପ୍ରତୀକ୍ଷାରେ

ସେହି ସଞ୍ଜ ଆକାଶରେ ନଥିଲେ ମେଘ
କେବଳ ଯାହା ଥିଲା
ଫୁଟବଲ୍‌ର ଏକ ଦୀର୍ଘ ଲମ୍ଫ
ଜଣେ ଯୁବକ ନିର୍ବାସିତ -
ଯିଏ କାମ ଖୋଜିବା ପାଇଁ
ନାଚୁଥିଲା ରୋମ୍‌ରେ ।

ଅନ୍ନ ସଙ୍କଟ ?

ଆଜି ସକାଳୁ ସକାଳୁ
ସାରା ସହରରେ ଖେଳିଯାଇଥିଲା
କୋଳାହଳ ଯେ
ପୃଥିବୀର ସବୁଠୁ ବଡ଼ ଭଣ୍ଡାରରେ
ଖାଦ୍ୟଶସ୍ୟ ଅଚାନକ
ହୋଇଯାଇଛି ଊଣା

ମୁଁ ଉଠି ପଡ଼ିଲି
ଜାଗି ଉଠିଲି ମୁଁ -
ଜଣେ କୃଷକର ପୁଅ
ତାହାରି ବିରୋଧରେ ଖୋଜି ଆଣିଲି
ଘର ଭିତରୁ ଅଳିଆ ଭିତରେ
ଚାପି ହୋଇରହିଥିବା ଏକ ପୁରୁଣା ଶସ୍ୟଦାନା
ଆଉ ଜୋର୍‌ରେ ତାକୁ
ସେହି ଆଡ଼କୁ ଫିଙ୍ଗିଲି
ଯେଉଁଆଡୁ ଆସୁଥିଲା
କୋଳାହଳ

ବାପା କହୁଥିଲେ
ସେହି ପୁରୁଣା ଶସ୍ୟଦାନା ହେଉଛି
ମୋ ପୂର୍ବଜଙ୍କର
ଯାହା କୌଣସି ପୂର୍ବଜଙ୍କୁ ମଳିଥିଲା
ମନୁଙ୍କ ଭଙ୍ଗା ଡଙ୍ଗା ଭିତରୁ ।

ମନାଲୀ

(ଯେଉଁଠି ରହିଛି ମନୁଙ୍କ ମନ୍ଦିର)

ଏଇ ସହରରେ ବୁଲିଲା ବେଳେ
ପ୍ରଥମ ଥର ଯେପରି ଲାଗିଲା -
ଦେବଦାରୁ ପତ୍ରସବୁ କଥାବାର୍ତ୍ତା କରୁଛନ୍ତି
ତିବ୍‌ବତୀ ଭାଷାରେ
ମୋ କାନରେ ଶୁଭିଲା ଯେପରି
କୌଣସି କିନୌରୀ ଗୀତ
ସମ୍ଭବତଃ ତାହା ଥିଲା କୌଣସି ଚଢ଼େଇର ସ୍ୱର
ଆଉ ମୁଁ କିଛି ବୁଝୁବୁଝୁ
ମୋ କଡ଼ ଦେଇ ଚାଲିଗଲା
ଏକ ପର୍ଯ୍ୟଟକଙ୍କ ଦଳ
ଝୁମିଝୁମି ପଞ୍ଜାବୀ ଗୀତରେ

ଏ ସବୁ ସ୍ୱର ଧ୍ୱନି ପଛରେ
କେଉଁଠି ଥିଲା ବ୍ୟାସ ନଦୀ
ଯାହା ନିରନ୍ତର ବହିଯାଉଥିଲା
ଆଉ ସାଥୀରେ ଥିଲା
ସରଳ ପ୍ରାଚୀନ ହିମାଚଳୀ ଶବ୍ଦସବୁ
ଯହିଁରେ ଭରି ରହିଥିଲା ଏମିତି ଅର୍ଥ
ସହଜରେ ବୁଝି ଯାଉଥିଲେ
ଚଢ଼େଇ ଠାରୁ ମଣିଷଯାଏ ସମସ୍ତେ

ନିରବ ରହୁଥିବା ମୋ ସହଯାତ୍ରୀ
ଏଇଠି ଟିକେ ଅଟକାଇ ଦେଇ
କହିଲେ, ଦେଖ ବ୍ୟାସ କୂଳରେ
ଛାଇ ଅନ୍ଧାରରେ ବୁଡ଼ିଯାଇଥିବା ସେହି ଶିଖରକୁ
ଲୋକେ କହନ୍ତି, ସେଇଠି କେଉଁଠି ଥିଲା
ସେହି ଉତ୍ତୁଙ୍ଗ ଶିଖର
ଯେଉଁଠି ପ୍ରଳୟ କାଳରେ ଧକ୍କା ଖାଇଥିଲା
ମନୁଙ୍କ ଡଙ୍ଗା
ଆଉ ବୁଡ଼ି ଯାଉଯାଉ ସେଦିନ
ବଞ୍ଚି ରହିଯାଇଥିଲା ଏଇ ସୃଷ୍ଟି

ଏପର୍ଯ୍ୟନ୍ତ ଆସି ପହଞ୍ଚିବା ଭିତରେ
ସୃଷ୍ଟିର କ'ଣ ହେଲା -
ସେକଥା ସବୁ ତ ଜାଣନ୍ତି ପଣ୍ଡିତମାନେ
ହେଲେ ସେଇଠି ମନୁ ହେଉଛି
ଏକ ଉଦାସ ପଥରଖଣ୍ଡର ନାଁ
କେଜାଣି କେବେ ଠାରୁ ତାହା ପଡ଼ିରହିଛି
ଏକ ମନ୍ଦିର ଭିତରେ !

ଫେରି ଆସୁଥିବା ବଗମାନେ

ଉପରେ ଉଡ଼ିଯାଉଥିଲେ ଦଳେ ବଗ
ମୋ ସାମ୍ନାରେ ବସିଥିବା ସାନଝିଅଟିଏ ପଚାରିଲା,
ଅଙ୍କଲ, ବଗମାନେ କ'ଣ ଇଂରାଜୀରେ
କହନ୍ତି କଥା ?

କାହିଁକିଲୋ ଝିଅ !
ବଗମାନେ କାହିଁକି କଥା କହିବେ ଇଂରାଜୀରେ
ସାନଝିଅ ସେତିକି ସରଳରେ ଉତ୍ତର ଦେଲା
ସେମାନେ ଧୋବ ଫରଫର ଧଳା ନା,
ସେଇଥି ପାଇଁ

ସାନଝିଅଟିର କଥାରେ ଥିଲା ଗୁରୁତ୍ୱ
କିନ୍ତୁ ସେମାନେ !
ସେମାନେ ତ ଥିଲେ ସମ୍ପୂର୍ଣ୍ଣ ନିର୍ଦ୍ଦୋଷ
ନିଜର ଡେଣା ପରି
ସକାଳୁ ବାହାରି ପଡ଼ିଲେ
ଫେରନ୍ତି ସଞ୍ଜବେଳେ
କେଜାଣି କେଉଁ ମାଲିକର ଖେତରେ
ଦିନସାରା ଖଟି ସାରି ମଜୁରି

ମନରେଗାର ଯୁଗ ଇଏ
ତେଣୁ ପଚାରିବାକୁ ହେଲା ମନ
ସତରେ କ'ଣ ମିଳିଗଲା ତାଙ୍କୁ ମଜୁରି
ପାହି ପାହି ହିସାବରେ

ଏଇଠି ତ ବ୍ୟବସ୍ଥା -
ସ୍ତ୍ରୀର ଅଧା
ପିଲାଙ୍କର ଚଉଠେ
ପୁରୁଷର ପୂରା
କିନ୍ତୁ ଏଇ ପୂରା ମଜୁରି ବି
ଅଲଗା ଅଲଗା ଖାତାରେ
ଅଲଗା ଅଲଗା

ପୁଣି ଭାବିଲି,
ବିଚରା ବଗମାନେ ଧୋବ ଫରଫର ତ ନିଶ୍ଚୟ
କିନ୍ତୁ ଏମାନେ କ'ଣ ଜାଣନ୍ତି
ଏଇ ମନରେଗା - ସନ୍‌ରେଗା ?

ସେମାନେ ଯାଇଥିଲେ
କେଜାଣି କେତେଦୂର
ଆଉ ପୋକ ଜୋକ ଯାହା ବି ମିଳିଗଲା
ତାକୁ ଗଣ୍ଠିଲି ଭିତରେ ସମ୍ଭାଳି
ସଞ୍ଜକୁ ଫେରିଆସୁଥିଲେ
ସେହି ଖେତ ମଜୁରିଆମାନେ ।

ଭୋଜପୁରୀ

ଏହାରି କ୍ରିୟାପଦ ଆସିଥିଲା
ଖେତରୁ, ସଂଜ୍ଞା ସରୁ ବାଟରୁ
ବିଜୁଳିର ଝଲକ ଓ ମହୁଲ ଠୋପା
ଝରିପଡ଼ିବାର ଶବ୍ଦ ଏହାକୁ ଦେଇଛି
ନିଜସ୍ୱ ଧ୍ୱନି
ଶବ୍ଦସବୁ ପରସ୍ପର ମିଶିଯାଇଥିଲେ
ଶସ୍ୟପରି,
ମୂଳରେ ପଡ଼ି ରହିଥିବା
କାଙ୍କ କୋଦାଳର ଯୁଗଳ ସଙ୍ଗୀତରୁ
ଏହାକୁ ମିଳିଥିଲା ଛନ୍ଦ

ମୋ ବୋଉର ବିଶ୍ୱାସ ଥିଲା
ଚଢ଼େଇମାନେ ଏଥିରେ ଶୁଣାନ୍ତି
ଛୁଆମାନଙ୍କୁ ନାନାବାୟା ଗୀତ
ଥରେ ସେ କହୁଥିଲା –
ଗାନ୍ଧୀବାବା ବି କଥା ହେଉଥିଲେ ଏଥିରେ
ଥରେ ଶୁଣିଥିଲା ରେଡ଼ିଓରୁ ସେ
ତାଙ୍କର କଣ୍ଠସ୍ୱର

ଗଣତନ୍ତ୍ର ଜନ୍ମର ବହୁ ପୂର୍ବରୁ
ଏକ ଜୀବନ୍ତ ଧ୍ୱନି ହେଉଛି – ଗଣତନ୍ତ୍ର
ଯାହାର ଏକ ଛୋଟ ଅଂଶଟିଏ
'ଆମେ'ରେ ଶୁଣିପାରିବ
କୋଟିଏ 'ମୁଁ'ର ସ୍ପନ୍ଦନ

ବହିପତ୍ର ଟିକେ ବିଳମ୍ବରେ ଆସିଲା
ଏଣୁ ହଜିଗଲେ ବି ଯାଉ
ତହିଁ ନାହିଁ କୌଣସି ଭୟ
କାରଣ ଭାଷା –
ଆଜିବି ତା'ର ସବୁଠୁ ବଡ଼ ଗ୍ରନ୍ଥାଳୟ

କେବେ ଆସ ମୋ ଘରକୁ
ତମକୁ ଶୁଣାଇବି
ମୋ ଝରକା ଉପରେ ରଖାଯାଇଥିବା
ଶଙ୍ଖଟିରେ କେମିତି ଧୀରେଧୀରେ
ବାଜୁଥାଏ ସାତ ସମୁଦ୍ରର ଧ୍ୱନି ।

ଯେମିତି ଦୀପ ଉଯେଁଇ ଦିଆଯାଏ

ଯେମିତି ଦୀପ ଉଯେଁଇ ଦିଆଯାଏ
ସେମିତି ମା'କୁ ଉଯେଁଇ ଦେଲି ଭାଗୀରଥୀରେ
କେତେ ଦିନରୁ ଗଙ୍ଗାସ୍ନାନ କରିବ ବୋଲି
କରି ଆସୁଥିଲା ଜିଦି
ତେଣୁ କାଲି ଦ୍ୱିପ୍ରହରରେ
ଯେତେବେଳେ ଶୋଇଯାଇଥିଲା
ସାରା କଲିକତା ସହର
ମୁଁ ତାକୁ ହାତରେ ଟେକି ଧରିଲି
ଆଉ ଭସେଇ ଦେଲି ଲହଡ଼ିରେ

ସେ ଯେତେବେଳେ ଭାସିଭାସି ଚାଲିଗଲା
ଅନେକ ଦୂରକୁ ତ ଭାବିଲି
ହାୟ, ଏ ମୁଁ କ'ଣ କଲି
ତା'ପାଖରେ ଭିସା ଅଛି ନା ପାସ୍‌ପୋର୍ଟ
କେତେ ଗଭୀର ଅଥଳ ଜଳମାର୍ଗ ହୋଇଥିବ
କଷ୍ଟମ୍‌ର କେତେ ଯେ ଝାମେଲା ଥିବ ସେଇଠି !

କିଛି ସମୟ ପରେ ଏଇ ଆଶାରେ ଥାଏ ଯେ
କିଛି ହୁଏତ ଦିଶିଯାଇପାରେ
ଛିଡ଼ା ଛିଡ଼ା ଚାହିଁ ରହିଲି ପାଣି ଭିତରକୁ

ସେହି ଗଭୀର ଅନ୍ଧାର ଭର୍ତ୍ତି ସଡ଼କ ଛଡ଼ା
ଦିଶିଲା ନାହିଁ ଆଉ କିଛି
ତେଣୁ ମୁଁ ବିନୀତ ହୋଇ କହିଲି
ଭାଗୀରଥିଙ୍କୁ – ମା',
ମା' ପ୍ରତି ଧ୍ୟାନ ଦେବ
ତାକୁ କେବଳ ହିଁ ଜଣାଅଛି
ଭୋଜପୁରୀ ଭାଷା ।

ଦେଶ ଓ ଘର

ହିନ୍ଦୀ ମୋ'ରି ଦେଶ
ଭୋଜପୁରୀ ମୋ'ରି ଘର
ଘରୁ ବାହାରି ପଡ଼ିଲେ ତ
ଚାଲିଯାଏ ଦେଶକୁ
ଦେଶରୁ ମିଳିଲେ ଛୁଟି
ଫେରିଆସେ ଘରକୁ

ଏଇ ବାରମ୍ବାର ଯିବା ଆସିବାରେ
କେତେଥର ମୋ ଘରକୁ ଚାଲିଆସେ ଦେଶ
ଦେଶରେ କେତେଥର ରହିଯାଏ
ମୋ'ରି ଘର

ମୁଁ ପ୍ରେମ କରିଥାଏ ଦୁହିଁଙ୍କୁ
ଆଉ ଦେଖନ୍ତୁ ନା ମୋ'ରି ଅସୁବିଧାକୁ
ପିଛିଲା ଷାଠିଏ ବର୍ଷରେ
ଏଇ ଦୁଇଟି ଭିତରେ
ମୁଁ ଖୋଜି ଚାଲିଛି ଦିହିଁଙ୍କୁ ।

କାନ୍ଧର ମୃତ୍ୟୁ

କ୍ଲାନ୍ତ ହୋଇ ଷ୍ଟେସନରୁ
ଏବେ ଏବେ ପହଞ୍ଚିଲି ଘରେ
କେହି ଜଣେ ସୂଚନା ଦେଲା ଯେ
ଅନ୍ତିମ ଶ୍ୱାସର ଅପେକ୍ଷାରେ ଅଛି
ଲାଲମୋହର

ମୁଁ ତାକୁ ଜାଣିଥିଲି ଖୁବ୍ ନିକଟରୁ
ସେହି ସାରା ସହରରେ ସେ ଥିଲା
ଏକ ଜୀବନ୍ତ କିମ୍ବଦନ୍ତୀ
ମୋ ଜିନିଷ ପତ୍ର ରଖିଦେଇ
ସିଧା ଦୌଡ଼ିଲି ତା' ଘର ଆଡ଼କୁ

ଘର ବୋଲି କ'ଣ କହିବି
ତା'ଛଡ଼ା ଅନ୍ୟ କୌଣସି ଶବ୍ଦ ହିଁ ନଥିଲା
ତେଣୁ ତ କହିବି 'ଘର' ବୋଲି

ସେଇଠି ଦେଖିଲି
ନ ଥିଲା ଚଳଚଞ୍ଚଳ
ନ ଥିଲା କନ୍ଦାକଟା
ସଂସାର ଚାଲୁ ରହିଥାଏ
ଯେମିତି ଚାଲିଥାଏ ସଂସାର

ବାସ୍, ଗୋଟିଏ କୋଣରେ
ଗତ ତିନି ଦିନ ହେଲା ପଡ଼ିରହିଥିଲା ସେ
ଏକ ଗଭୀର ନିଦରେ
ଗହନ
ପ୍ରଶାନ୍ତ
ଆଉ ସେହି ଅଜବ ଯୁଦ୍ଧରେ
ସେ ଏତେ ଏକେଲା ଯେ
ପ୍ରାୟତଃ ଧୀର, ଉଦାତ୍ତ !

ଯେତେବେଳେ ମୁଁ ଦେଖିଲି ତା' କାନ୍ଧକୁ
ହଁ, ଇଏ ସେହି କାନ୍ଧ ହିଁ ଥିଲା
ଯାହାକୁ ପ୍ରାୟତଃ ସମସ୍ତେ ଜାଣନ୍ତି
ଆଉ ଲୋକମାନେ କହନ୍ତି -
ଥରେ ଯେତେବେଳେ ଅଘୋର ଆଷାଢ଼ରେ
ସେ ବିଲରେ କରୁଥିଲା ହଳ
ଏବଂ ଅଧାରୁ ବେଶି ହୋଇସାରିଥିଲା ରୁଆ
ସେତିକି ବେଳେ ଅଚାନକ ଶୋଇପଡ଼ିଲା
ବାଁପଟ ବଳଦ
'ଅଶୁଭ ଇଏ' - ସେ କହିଲା ମନେ ମନେ
ଆଉଁଶି ଚାଲିଲା ସେହି ବାଉଁଆକୁ

ଜୁଆଳି ବାହାର କରିଦେଲା ତା' କାନ୍ଧରୁ
ଆଉ ତା'ରି ତଳେ ଲଗାଇଦେଲା ନିଜ କାନ୍ଧ
ଏଥର ବାମପଟେ ମଣିଷ
ଡାହାଣରେ ବଳଦ

ଲୋକେ ପୁଣି କହନ୍ତି – ସେ ସନ
ଏମିତି ଅମଳ ହୋଇଥିଲା
ଯାହା କେବେ ହୋଇନଥିଲା,
କେଉଁ କାଳରେ ବି

ଇଏ ଥିଲା ସେହି କାନ୍ଧ
ସେହି ଲାଲମୋହର
ଯିଏ ଢେର ବର୍ଷ ହେଲା କାହାରି ଜମିରେ
ହଳ କରିବା ପରେ ଏବେ ପଡ଼ି ରହିଛି ମୂର୍ଚ୍ଛାରେ
ନିଜର ଏଇ ଅବସ୍ଥାରେ, ଖଟିଆ ଉପରେ ଏମିତି–
ଯେମିତି କି ତାକୁ ଦିଆଯାଇଥିବା ମୃତ୍ୟୁ ବି ଜରୁରୀ
ଯେମିତି ହେଲେ ତାକୁ ପୂରା କରିବାକୁ ହେବ
ବେଳ ବୁଡ଼ିବା ପୂର୍ବରୁ !

ଆଖପାଖରେ ଦେଖିଲି
ଯେଉଁମାନେ ଆସିଥିଲେ ପଡ଼ାପଡ଼ୋଶରୁ
ଧୀରେଧୀରେ ଚାଲିଯାଉଥିଲେ ସମସ୍ତେ

ଏବେ ସେହି ବୁଲା କୁକୁରକୁ
କେମିତି ବୁଝେଇ କହିବି
ଯାହାର ଅପଲକ ଆଖି ଦିଓଟିରେ
ଏବେ ବି ରହିଥିଲା ଆଶା ଟିକିଏ ।

ବଜାରରେ ଆଦିବାସୀ

ଗହଳ ବଜାର ଭିତରକୁ
ସେ ପଶି ଆସିଲା ତୀର ପରି
ଆଉ ସବୁ ଜିନିଷ ଉପରେ
ଏକ ତୀବ୍ର ଦୃଷ୍ଟି ପକାଇ ଚାହିଁଲା
କିଣାବିକା ମଝିରେ ଥିବା ସୂକ୍ଷ୍ମ ସୂଚନା ଉପରେ
ଏବଂ ହଠାତ୍ ଉଭାନ ହୋଇଗଲା
ଏକ ନାଗସାପ ପରି
ଜଣେ ଶୁଦ୍ଧ, ସ୍ୱଷ୍ଟବାଦୀ ଓ ରୋକ୍‌ଠୋକ୍
ଚେହେରାର ଲୋକଟିଏ

କୁହାଯାଏ ତା'ପଛରେ ଥିବା
ସେହି ଢୋଲର ଅବୋଧ ଶବ୍ଦ
ପ୍ରାୟତଃ ଶୁଣାଯାଇଥାଏ ରାତିବେଳରେ

ଯଦି କେବେ ଜଣେ ଗାୟକଙ୍କ ସହ
ମୋର ହୋଇଯାଏ ଭେଟ
ତାହାଲେ ପଚାରିବି ତାଙ୍କୁ
କ'ଣ କହନ୍ତି ସେହି ବାଦ୍ୟର ତାନକୁ।

ବଳଦଙ୍କ ସଙ୍ଗୀତ-ପ୍ରେମ

ସହର ଆଡ଼କୁ ଯାଉଯାଉ
ନିଜର ବିଷମ ସ୍ୱାଧୀନତାରେ
ରାସ୍ତାକଡ଼ରେ ଅଟକି ଯାଇଥିଲେ
ବଳଦ ଦୁଇଟି
ଆଉ ଶୁଣୁଥିଲେ ପାଖ ଖେତରେ
ଟ୍ରାକ୍ଟର ଚାଲିବାର ସଂଗୀତ

କେତେ କଷ୍ଟକର ଥିଲା
କେତେ ମୁଗ୍ଧକାରୀ ଥିଲା
ବଳଦଙ୍କର ସେହି ସଙ୍ଗୀତ-ପ୍ରେମ !

ଇଏ ମୋ ସମୟର ସଙ୍ଗୀତ-
ମୁଁ ନିଜକୁ ହିଁ କହିଲି
ଆଉ ଅଟକି ବି ଗଲି ।

କୃତଜ୍ଞ କାଦୁଅ

ସେହି କାଦୁଅ ତଳେ ଥିଲା
ସାମାନ୍ୟ ପାଣି
କୌଣସି ପଶୁଟିଏ ଏବେ ଏବେ ଯାଇଥିଲା
ତାକୁ ଥୋମଣାରେ ଶୋଷି ନେବା ପାଇଁ
ତାହାରି ଉଷ୍ମଶ୍ୱାସ
ଏବେ ବି ଭରି ରହିଥିଲା ପବନରେ
ତାହାରି ଖୁରାର ଲମ୍ୱା ନିଶାଣ
ସାକ୍ଷୀ ରହିଥିଲା ସେ କୃତଜ୍ଞ କାଦୁଅ
ସେହି ଶୋଷକୁ ମେଣ୍ଟାଇବାକୁ
ଯାଇଥିଲା ତା'ଉପରେ କିଛି ଦୂର ପର୍ଯ୍ୟନ୍ତ

ପୃଥିବୀକୁ ବଞ୍ଚାଇ ରଖିବାର
ଗୁରୁତ୍ୱପୂର୍ଣ୍ଣ କାର୍ଯ୍ୟରେ
ତୁଚ୍ଛ କାଦୁଅର ଥିଲା
ଏଇ ଅବଦାନ ।

ଯେଉଁଠୁ ଆରମ୍ଭ ହୁଏ ଅମାପ

(କୈଳାଶପତି ନିଷାଦ, ଶୁଭ ନାରାୟଣ ଶର୍ମା ଓ ନିଜାମୁଦ୍ଦିନଙ୍କ ପ୍ରତି)

ମୁଁ ଏବେ ଏବେ ଉଠିଛି ନିଦରୁ
ବାହାରେ ଘନ କୁହୁଡ଼ି
ଭିତରେ ଢେର ନିରବତା
ହେଲେ କୁହୁଡ଼ି ଭିତରେ ଘଣ୍ଟାଧ୍ୱନି
ଆସୁଛି କେଉଁଠୁ ଏଇ ସକାଳୁ ସକାଳୁ
ଆଜି କ'ଣ କେଉଁ ସଭା ଅଛି
ଝରହୀ କୂଳରେ
ଅବା ବେଲଓ୍ୱା ଜଙ୍ଗଲରେ

ଏହା ହିଁ ହୁଏ ପ୍ରତିଥର
ଠିକ୍ ଏଇମିତି
ମୁଁ ବାହାରିଯାଏ
ଆଉ ମୋତେ ଦେହ ନୁହେଁ-
କେବଳ ଦିଶୁଛି ସାଇକେଲ...

ଏହି ବିଶାଳ ପୃଥ୍ୱୀ ପରିକ୍ରମା କରୁଥିବା
କେବଳ ତିନି ଚାରୋଟି ସାଇକେଲ
ମୋତେ ସେତିକି ବେଳେ ଲାଗେ
ସମୟ ଅଳ୍ପ ଓ ଯାତ୍ରା ବେଶ୍ ଦୀର୍ଘ
ସମୟ ଏବେ ଆହୁରି ହେବ ଦୀର୍ଘ
ବନ୍ଧୁଗଣ,
ତମେ ଯେତେବେଳେ ସବାଶେଷ ବସ୍ତିରେ ପହଞ୍ଚିବ
ଅଚାନକ ଜଣାପଡ଼ିବ ଯେ

ଯାହାକୁ ତମେ କହୁଥିଲ ସର୍ବାଶେଷ ବୋଲି
ତାହା କେବଳ ତମ ସାଇକେଲର ଆର ଚକ
ଯାହା ଘୂରି ଚାଲିଛି ଏବେବି

କଠିଣ ଦିନ ସବୁ ଆସିବା ବାକି ଅଛି
ଖୁବ୍ ଦୀର୍ଘ ଓ ଦୁର୍ବିସହ ଦିନସବୁ
ଯେତେବେଳେ ତମ ସାଇକେଲଠାରୁ
ଆଶା କରାଯିବ ରକ୍ଷା କରିବା ପାଇଁ
ତମରି ସନ୍ତୁଳନ

ପ୍ରଥମେ ଶସ୍ୟ ଅମଳ ହୋଇଯିବ କମ୍
ହୋଇପାରେ ଏକଥା ପ୍ରଥମେ ଅନୁମାନ କରିନେବେ
ମଣିଷମାନଙ୍କ ପୂର୍ବରୁ ଚଢ଼େଇମାନେ
ପୁଣି ଧୀରେ ଧୀରେ କମିଯିବ ପାଣି
ତା'ପରେ ପବନ

ପ୍ରସ୍ତୁତ ରୁହ ବନ୍ଧୁଗଣ,
ବଞ୍ଚାଇ ରଖିବା ପାଇଁ ସେଇତକ ପବନ
ଯାହା ରହିଯାଇଛି ସାଇକେଲର ଚକରେ
ହୋଇପାରେ ଆମକୁ ବଞ୍ଚିରହିବାକୁ ପଡ଼ିପାରେ
ଦୀର୍ଘକାଳ ସେଇ ସେତକ ପବନରେ

ଯାତନା ଏଇଠୁ ଆରମ୍ଭ
ଆଉ ତମ ଘଣ୍ଟାବାଜିବାର ଆରମ୍ଭ ବି
ଏଇଠୁ
ଭାଇମାନେ,
ଅମାପ ଆରମ୍ଭ ହୁଏ ଏଇଠୁ।

କଳା ଆସ୍ତୀନ

ଅନେକ ବର୍ଷ ତଳେ
ଏଇ ସହରକୁ ମୁଁ ଯେବେ ଆସିଲି ପ୍ରଥମ ଥର
ମୋ ଦେହରେ ଥିଲା କୁର୍ତ୍ତା ଖଣ୍ଡେ
ଯାହାକୁ ସିଲେଇ କରିଥିଲେ
ଆମ ଗାଁର ଜଣେ ବୁଢ଼ା ଦରଜି
ସେଥିରେ ଥିଲା ଛୋଟ ପକେଟଟିଏ
ଆଉ ତା' ଭିତରେ ଠୁଳ ରହିଥିଲା
ଭଜା ମକାର ବାସ୍ନା
ସେ ବି ରହିଗଲା ମୋ ସହିତ
କେତେ ସପ୍ତାହ ଯାଏ ଏଇ ମହାନଗରୀରେ

ଥିଲା ବି ହଳେ ଚପଲ
ଯାହାକୁ ମୁଁ କିଣିଥିଲି ବୌରିଆ ବଜାରରୁ -
ଧନ୍ୟବାଦ ତାକୁ ଏଇଥିପାଇଁ ଯେ
ଏତେ ଦୀର୍ଘକାଳ ଧରି ସେ ସାଥୀ ହୋଇରହିଥିଲା
ମୋ ପାଦ ଦିଓଟିର

ହଁ, ମୋ ଧଳା କୁର୍ତ୍ତାରେ ବି ଥିଲା
ଏକ କଳା ଆସ୍ତୀନ
ତାହାରି ସୂତାରେ ଲୁଚି ରହିଥିଲା
ଏକ ଛୋଟ ଗାଁର ସାମାନ୍ୟ କିଛି ଧୂଳି

ମୁଁ ଖୁବ୍ ଚେଷ୍ଟା କରିଛି
ସେହି ସାମାନ୍ୟ ଧୂଳି ବଞ୍ଚି ରହୁ
ମୋ ସହିତ ଏଇ ମହାନଗରୀରେ
ହେଲେ ଜଣାନାହିଁ କେମିତି ଧୀରେ ଧୀରେ ଝଡ଼ିଗଲା
ସେମିତି ଝଡ଼ି ଚାଲିଲା ମୋର ପରିଚୟ
ମୋ ଦେହରୁ ଧୀରେ ଧୀରେ
ଆଉ ଦିନେ ମୋ ପରିଚୟ ହୋଇଗଲା
୮୮/୩ ଦିଲ୍ଲୀ ମହାନଗରୀରେ

ହେଲେ ଟିକେ ଶୁଣିଥାଅ
ହେ ମୋର ସେହି ସୁଦୂର ଗାଁର ଲୋକମାନେ
ତମରି ଧୂଳିକୁ ତ ମୁଁ ବଞ୍ଚାଇ ରଖିପାରିଲି ନାହିଁ
ମହାନଗରୀକୁ ଲାଗୁ ବରଂ ଯେତେ ଅସଙ୍ଗତ
ଦିନେ ସେହି କଳା ଆସ୍ତୀନ
ଯିଏ ହୋଇସାରିଛି ଜୀର୍ଣ୍ଣ
ତାକୁ ଦିନେ ପିନ୍ଧି ନିଶ୍ଚୟ ଯିବି ମୋ ଗାଁକୁ
ପାଖ ମଲ୍‌ରେ ମୁଁ ଘଣ୍ଟା ଘଣ୍ଟା ଖୋଜିଲି
ହେଲେ ମିଳିଲା ନାହିଁ
ତା'ଠାରୁ ଭଲ ଉପହାର
ଦେଶର ଏଇ ରାଜଧାନୀରେ ।

ହୀରା ଭାଇ

କେହି ଜାଣନ୍ତି ନାହିଁ ତାଙ୍କୁ
ମାତ୍ର କିଛିକାଳ ପୂର୍ବରୁ
ଜଣେ ସଦା ଚଞ୍ଚଳ ବ୍ୟକ୍ତିର ନାଁଥିଲା-
'ହୀରା ଭାଇ'

ସେହି ଅଞ୍ଚଳରେ ଯଦି କେବେ
ବଳଦ ହୋଇଯାଉଥିଲା ବେମାର
'ହୀରାଭାଇ-ହୀରାଭାଇ' ବୋଲି
ଡାକ ଛାଡୁଥିଲେ ଲୋକେ
'ଭକ୍ତି ବାଣୀ'- ସେତିକି ଜୋର୍‌ରେ
ଉଚ୍ଚାରଣ କରୁଥିଲେ ସେ
ତାଙ୍କ ଆସିବା ନ ଆସିବାରେ ବି
ସବୁ କିଛି ହୋଇଯାଉଥିଲା ଠିକ୍

କିନ୍ତୁ କେଜାଣି କାହିଁକି
କେବେ କେବେ ହୀରାଭାଇଙ୍କର
ଆସିଯାଉଥିଲା କ୍ରୋଧ -
ଏକ ଶୁଦ୍ଧ ଗଭୀର ଆଦିମ କ୍ରୋଧ
ଆଉ ସେହିଠାରୁ ସେ ହୋଇଯାଉଥିଲେ ଉଭାନ
ବେଶ୍ କେତେଦିନ ଯାଏ ପଶୁ ଓ ମଣିଷ
ସମସ୍ତେ ହୋଇଯାଉଥିଲେ ପରିଶ୍ରାନ୍ତ
କିନ୍ତୁ କେଜାଣି କିପରି ତାହା ଥିଲା
ଏକ ଅଦ୍ଭୁତ ଉର୍ବର କ୍ରୋଧ

ଯେତେବେଳେ ସେ ଓହ୍ଲାଇ ଆସୁଥିଲେ
କ୍ରୋଧର ଦୁର୍ଲ୍ଲଂଘ୍ୟ ପାହାଡ଼ରୁ
ତାଙ୍କ ଥଳିରେ ରହୁଥିଲା
କୌଣସି ନୂଆ ଜଡ଼ିବୁଟି
ଆଉ ଗଛର ଛେଲି, ଫଳ
ଅଥବା ଚୂର୍ଣ୍ଣ
ସତେ ଯେପରି ରହୁଥିଲା ସମ୍ପୂର୍ଣ୍ଣ ଚରକ ସଂହିତା
ତାଙ୍କର ସେଇ ପୁରୁଣା ମଇଳା ଥଳି ଭିତରେ
ସେସବୁରେ ଭଲ ହୋଇଯାଉଥିଲେ
ସରଦାର ଓ କେବେ କେବେ ସାଧାରଣ ମଣିଷ

ମଣିଷ ଓ ପଶୁଙ୍କ ଭିତରେ
ଅନ୍ତିମ ଭାବଗତ ସେତୁଟିଏ ଥିଲେ
ସେହି ହୀରା ଭାଇ।

ନିରାଲାଙ୍କ ସ୍ୱର

କେବଳ ଏତିକି ହିଁ ମନେଅଛି
ନିରାଲା କିଛି କହୁଥିଲେ

ଗଣିତ ହୋଇଯାଉଥିଲା ଅବାକ୍
ବିଜ୍ଞାନ ଅସ୍ଥିର
ଭୂଗୋଳ ଖୋଜି ଚାଲିଥିଲା
ସେ ଛୋଟ ହଲ୍ ଭିତରେ
ବସି ପଡ଼ିବା ପାଇଁ ଜାଗାଟିଏ
'କ'ଣ କହିଲେ... କ'ଣ କହିଲେ'
ପଚାରି ଚାଲିଥିଲେ ମୁହଁ ତଳକୁ କରିଥିବା
ଇଂରାଜୀ ଅଧ୍ୟାପକଙ୍କୁ –
ବାସ୍ ଏତିକି ପର୍ଯ୍ୟନ୍ତ ରହିଛି ମନେ
ବାକି ସବୁ କେବଳ ତାଙ୍କରି କଣ୍ଠସ୍ୱର
ବିଶୁଦ୍ଧ ସ୍ୱର
ମୋ ସ୍ମୃତିର ଚଟାଣରେ
ଗୁଞ୍ଜରିତ
ଆଘାତପ୍ରାପ୍ତ
ପଛକୁ ଫେରିଯାଉଥିଲା
ଖାଲି ତାଙ୍କର ସ୍ୱର

ପ୍ରାୟ ଅର୍ଦ୍ଧ ଶତାବ୍ଦୀ ପରେ
ଗତକାଲି ଯାଇଥିଲି ଦେଖିବାକୁ

ବନାରସ ସହରର ସେହି ପୁରୁଣା ସ୍କୁଲ
ନ ଥିଲା ମଞ୍ଚ
ନ ଥିଲେ କେହି ଶ୍ରୋତା
ନ ଥିଲା କୌଣସି ଶବ୍ଦ
କେବଳ ଛିଡ଼ା ହୋଇଥିଲା ଏକ
'ପତ୍ରୋତ୍କଣ୍ଠିତ' ଗଛଟିଏ
ଆଉ କହି ଚାଲିଥିଲେ ନିରାଲା।

ଅଚାନକ ଦିନେ

ତାହା ଥିଲା ସେହି ବିଜୁଳି ଖମ୍ବ, ଗଳି ବି
ସେଇଠି ଖରା ଥିଲା କିଛିଟା ଟାଣ, ନଇଁ ଆସୁଥିଲା ବି
ସେତିକି ବେଳେ ଆସିଗଲା କେହି ଅଜ୍ଞାତ ଜଣେ
କୌଣସି ଏକ ଦିଗରୁ
ଚାହିଁ ରହିଥିଲା କୁଆଡିଏ ଧ୍ୟାନରେ
କେହି ଜଣେ ଏପରି ଦେଖୁଥିଲା
ଯେପରି ସେ ଆସିଛି କୌଣସି ଅନ୍ୟ ଗ୍ରହରୁ

ପ୍ରଶ୍ନର ଅସୁମାରୀ ଘେର ଭିତରେ
କୌଣସି ଆଦିମର ଅନ୍ତିମ ନିରବତାରେ
ଭାବୁଥିଲା - ଘୂରୁଛି ବିପୁଳ ପୃଥିବୀ,
ସେହି ଗଳିକୁ ଭ୍ରମରେ ଚାଲିଆସିଛି ।
ଏଇ ଅଜବ ଗ୍ଲୋବାଲ୍ ସମୟରେ
ମନେ ପକାଇବା, ଭୁଲିଯିବା କ'ଣ ଅସ୍ଥିରତା
ତଥାପି ପାଦ ଯାଉଛି ଅଟକି,
ହାତ ଚାହୁଁଛି କି ଆଗେଇ ଯାଇ
ଟିକେ ଛୁଇଁ ଦେବ ସେହି କବାଟକୁ

ମନ ଭିତରେ ରହିଯାଇଛି କାହିଁ କେତେ ମନକଥା
ତାହାରି କ୍ୟାଲେଣ୍ଡରରେ ଛଅ କ'ଣ ସାତ କଅଣ
କହିଲା, କାହିଁକି ଯେ ଟିକେ ଠକ୍‌ଠକ୍ କରିଦେବି

ସେହି କବାଟରେ
କିଏ ସେ ରହୁଛି, ଏଇଠି ଟିକେ ପଚାରି ଦିଏ
ହସି ଉଠିଲି ମୁଁ –

କାହିଁକି ନା ହସିବା ଛଡ଼ା ଥିଲା ବା କ'ଣ ?
ସେହି ଗଳିରେ ଆଉ କୌଣସି ବାଟ ହିଁ ନଥିଲା !

ଏକ ଲୋକଗୀତିର ଅନୁକୃତି

(ଯାହା ମୁଁ ମଙ୍ଗଳ ମାଝୀଙ୍କ ଠାରୁ ଶୁଣିଥିଲି)

ଆମ୍ବଗଛ ମୂଳରେ କରନି ପ୍ରହାର ଏମିତି
ବାହୁନି କାନ୍ଦିବ ଜଙ୍ଗଲରେ
ମହୁଆ ଯେ ସାରାରାତି

କାଟିବ ନାହିଁ କେବେ କଞ୍ଚା ବାଉଁଶ
କାଟିଲେ ସବୁ ବଂଶୀବାଦକଙ୍କ
ସୁର ହୋଇଯିବ ନାଶ

କାଲି ଯିବା ବାଟରେ ଯାହାର ହୋଇଥିଲା ଭେଟ
ସେ ଯେ ବ୍ୟସ୍ତ ବିବ୍ରତ
ଭୁଲିବନି ତା'ର କଥାକୁହା ଆଖି ଯୋଡ଼ିକ
ନହେଲେ ଶଶିତାରା
ଭୁଲିଯିବ ଯେ ବାଟ !

କାହାକୁ ପ୍ରେମ କରିବ ତ
ହୋଇଯାଇପାର ସାତସମୁଦ୍ର ପାର
ହେଲେ ଭୁଲି ଯାଅନା ଯେ
ତମରି ଶରୀର ଖାଇଛି ଲୁଣ
କାହାରି ଶରୀରର ।

ଚାଲି ଯାଉଛି ଯେଉଁ ବିଲେଇ

ଦେଖ, ସେଇ ଯେଉଁ ବିଲେଇ
ଚାଲିଯାଉଛି ତା' କୋଳରେ ଧରି
ନିଜ ନବଜାତକ ଛୁଆକୁ
ଦେଖ ତା'କୁ ଖୁବ୍ ନିରେଖି
କେବଳ ଜାବୋଡ଼ି ଧରି,
ଚାପିଧରି ନୁହେଁ
ଗେଲ ବି କରୁଛି ତା'କୁ
ଜିଭରେ କେବଳ ନେଉନାହିଁ ତା' ସ୍ୱାଦ
ବରଂ ଭରି ଦେଉଛି ଆଶ୍ୱାସନା
ସବୁ ତା'କୁ ଛୁଇଁ
ବୁଝେଇ ସୁଝେଇ

ଥରଟିଏ ମୁଁ ଦେଖିଛି ଛୁଆଟିକୁ
ମା'ର ଦେହ ଉପରକୁ କେମିତି ନଇଁଯାଇ
କୋମଳ ଭାବେ ପଚାରିଲା
ତା' ଚିବୁକର ଏକ ଆଘାତ ବିଷୟରେ

ହୃଦୟ ବିଷୟରେ ମୁଁ ଜାଣେନା,
ହେଲେ ଏଇ ପ୍ରାଚୀନ ପୃଥିବୀରେ
ସେତିକି ପ୍ରାଚୀନ ବି ଏକ ନିରବ ପ୍ରେମ
ନିଃଶ୍ୱାସରେ
କୋଳରେ
ଓଠରେ
ନଖରେ
ସଦାବେଳେ ରହିଥାଏ ସତେଜ ହୋଇ ।

ତ୍ରିଲୋଚନଙ୍କ କବିତା ପାଠ

ତ୍ରିଲୋଚନଙ୍କୁ ପଢ଼ିବା
ଯେପରି ପାଚିଲା ଯଅ ଖେତରେ ଚାଲିବା
ନା କିଛି ପ୍ରଶ୍ନ
ନା କିଛି ତୁଳନା
ନା ଆରୋହଣ
ନା ଅବରୋହଣ
କେବଳ ଅମଳ... ହିଁ ଅମଳ

ଏମିତି ତ ନାହିଁ କୌଣସି ଭୟ
ତଥାପି ଭାଇ, ରହିଛି ଭୟ
ଉପରେ ଯେପରି ପଡ଼ି ନଯାଉ
କେଉଁଠି କୌଣସି ଝରଣା ।

ଜଣେ ସାଦାସିଧା ଚାଷୀର ସୁଖ

ଗତ କିଛିଦିନ ହେଲା
ସୁସ୍ଥ ଶିଥିଳ ହୋଇ ପଡ଼ିରହିଥିଲା ସେ

ଆଜି ଏକ ବୁଦାର ପତ୍ରଗହଳି ଭିତରେ
ସେ ଦେଖିଲା ଚିକ୍‌ଚିକ୍ କରୁଥିବା
ଏକ ସାପର ଦୁଇଟି ଆଖି
ସେହି ବିପଦପୂର୍ଣ୍ଣ ଅବସ୍ଥାରେ ଦେଖିବାକୁ ପାଇଲା
ଏଇ ଅଦ୍ଭୁତ ସୌନ୍ଦର୍ଯ୍ୟ
ଏବଂ କିଛି ମୁହୂର୍ତ୍ତ ଚାହିଁ ରହିଲା
ଅବାକ୍ ହୋଇ

ତାପରେ ଅଗଣାରେ ଥିବା ଚୁଲୀ ପାଖକୁ ଗଲା
ସେଇଠି ଦିନବେଳାର ଥାଳିରେ
ପଡ଼ିରହିଥିଲା ରାତିର ଲିଟ୍‌ଟି
ଲିଟ୍‌ଟି କଡ଼ରେ ଥିଲା ସବୁଜ ଦିଶୁଥିବା
ଏକ ସବୁଜ କଞ୍ଚାଲଙ୍କା
ତା' ଜୀବନରେ ଯେପରି ଫେରି ଆସିଲା
ପୁଣି ଥରେ ସ୍ୱାଦ

ସେ କଚେରିକୁ ଗଲା
ସେଇଠି ତା' ସାମ୍ନରେ ରଖାଗଲା
ଖଣ୍ଡେ ସାଦା କାଗଜ
କୁହାଗଲା- 'ଏଇଠି... ଏଇଠି
ଦସ୍ତଖତ କର'

ସେ ମନା କଲା
ଆଉ ତାକୁ ଲାଗିଲା ଯେପରି
ସେ ଦଶ ଗୁଣ
କୋଡ଼ିଏ ଗୁଣ
ଶହେଗୁଣରୁ ଅଧିକ ହୋଇଯାଇଛି ଜୀବନ୍ତ !

ନୂଆ ଶତାବ୍ଦୀର ସକାଳ

ଆଖି ସବୁ ଚାହିଁ ରହିଛି
ସପନ ରହିଛି ବନ୍ଧକ
ଭାଙ୍ଗିଯାଇଛି ଏକତାରା
ଝଣଝଣ କରୁଛି ବସୁନ୍ଧରା

ଚିନ୍ତନ ମନ୍ଥନ ଆଲୋଡ଼ନ
ତିନି ନୂଆ ବ୍ୟାଖ୍ୟାନ
ଶବଦ ସବୁ କାହିଁକି ଛିଟିକି ପଡ଼ି
ହେଉଛନ୍ତି ଏବେ ବାଁ-ଡାହାଣ

ସବୁ ବିଚାର ବିମର୍ଶ ତଳେ
ଏଇ ଗଢ଼ୁଥିବା ଆଶଙ୍କାଟି କ'ଣ,
ଏଇ ତପ୍ତ କାହାଣୀଟି କାହାର,
ସେହି ଦିନର ଶୀର୍ଷକ ଅବା କଅଣ?

ସବୁଠୁ ବଡ଼ ଖବର

ଦେଖ,
ସେହି କୋମଳ ଅଭେଦ୍ୟ କବଚକୁ ଦେଖ,
ଦେଖ କିପରି ଦିଲ୍ଲୀ ସହରର
ସେହି ବ୍ୟସ୍ତତମ ରାସ୍ତା ଉପରେ
ନିର୍ଭୟ ଓ ନିଶ୍ଚିନ୍ତରେ ଚାଲିଯାଉଛି
ସେହି ବୁଢ଼ୀଲୋକଟି
ଗୋଟିଏ ପିଲାର ଆଙ୍ଗୁଳି ଧରି

ଏହା ଘଟୁଛି
ଏକବିଂଶ ଶତାବ୍ଦୀର ଦ୍ୱିତୀୟ ଦଶକରେ
ଏକ ଭରା ଦ୍ୱିପ୍ରହରରେ

ଦେଖ ପୁଣି ସେହି ଦୃଶ୍ୟ
ଦେଖି ନ ଦେଖି ସର୍ଜନାର
ସେହି ଚାଲିଯାଉଥିବା ଉଦାତ୍ତ ରୂପକକୁ
ଚାହିଁ ଟିକେ ଧ୍ୟାନ ଦେଇ

ଆଉ ଆମ ସାମ୍ବାଦିକ ଭାଇ
ବିନା କୌଣସି ଶୀର୍ଷକରେ ଛାପିଦିଅ ତାକୁ
ଦୈନିକ ସମ୍ବାଦପତ୍ରର ପ୍ରଥମ ପୃଷ୍ଠାରେ

ତାହା ହିଁ ହେଉଛି
ଆଜିର ସବୁଠୁ ବଡ଼ ଖବର,
ଜୀବନ୍ତ ଖବର ।

ଯିବି କୁଆଡ଼େ

ଯିବି କୁଆଡ଼େ
ରହିବି ଏଇଠି

କାନ୍ଥୁଅ ଉପରେ ହାତର ଛାପ ପରି
ପଡ଼ି ରହିବି ବି ଏଇଠି

କୌଣସି ପୁରୁଣା ଥାକ
ଅବା ସିନ୍ଦୁକର ଗନ୍ଧ ଭିତରେ
ଲୁଚି ରହିବି ମୁଁ

କୌଣସି ରେଜିଷ୍ଟର ଭିତରେ
ଚାପି ହୋଇ ରହିଥିବି
ନିଜ ସ୍ଥାୟୀ ଠିକଣାର
ଅକ୍ଷରଗୁଡ଼ିକ ତଳେ

ହୋଇପାରେ ଯଦି
ଉଚ୍ଚା ଉଠାଣିକୁ ଲୁଣ ବୋହି ନେଉଥିବା
ଟଟୁଘୋଡ଼ା ବେକରେ ଘଣ୍ଟିଟିଏ ହୋଇଯିବି
ଅଥବା ପୁଣି ହୋଇଯିବି
ମାଝିଁ ପୋଲର କୌଣସି କଣ୍ଟାଟିଏ

ଦେଖିବ
ସବୁ କିଛି ରହିଯିବ
ଯେମିତି ସେମିତି
କେବଳ ବଦଳିଯିବ ମୋରି ଦିନଚର୍ଯ୍ୟା
ସଞ୍ଜରେ ଯେତେବେଳେ ଫେରିବେ ପକ୍ଷୀମାନେ
ଫେରି ଆସିବି ମୁଁ ବି,
ସକାଳେ ଯେତେବେଳେ ଉଡ଼ିବେ ସେମାନେ
ଉଡ଼ିଯିବି ମୁଁ ସେମାନଙ୍କ ସହ...।

■■

ପରିଶିଷ୍ଟ

କବିଙ୍କ ସମ୍ୟକ ପରିଚିତି

କବି କେଦାରନାଥ ସିଂହଙ୍କର ଜନ୍ମ ଉତ୍ତର ପ୍ରଦେଶର ବଲିୟା ଜିଲ୍ଲାର ଚକିୟା ଗାଁରେ, ୧୯୩୪ ମସିହା ଜୁଲାଇ ୭ ତାରିଖରେ। ବନାରସ ସହରରେ ଶିକ୍ଷା-ଦୀକ୍ଷା ସମାପ୍ତ ପରେ ହିମାଳୟ ପାଦଦେଶରେ ଅବସ୍ଥିତ ଏକ ମହାବିଦ୍ୟାଳୟରେ ଅଧ୍ୟାପନା ଦାୟିତ୍ୱ ଓ ପରବର୍ତ୍ତୀ ସମୟରେ ସେଠାରେ ଅଧ୍ୟକ୍ଷ ଦାୟିତ୍ୱ ନିର୍ବାହ କରିଛନ୍ତି। ୧୯୭୬ ମସିହାରୁ ନୂଆଦିଲ୍ଲୀସ୍ଥିତ ଜବାହରଲାଲ ନେହରୁ ବିଶ୍ୱବିଦ୍ୟାଳୟର ଭାରତୀୟ ଭାଷା କେନ୍ଦ୍ରରେ ଅଧ୍ୟାପକ ଭାବେ ନିଯୁକ୍ତ ହେଲେ। ସମ୍ପ୍ରତି ସେଠାରେ ପ୍ରଫେସର ଏମ୍‌ରିଟସ ଭାବେ କାର୍ଯ୍ୟରତ। ପ୍ରଗତିଶୀଳ ଲେଖକ ଆନ୍ଦୋଳନର ଅଗ୍ରଣୀ କବି ଭାବେ ତାଙ୍କର କବି ପରିଚିତି ଆରମ୍ଭ ହୁଏ। କାବ୍ୟ ସୃଜନର ଆଦ୍ୟକାଳରୁ ହିଁ ସେ ବଞ୍ଚିତ ମଣିଷକୁ କାବ୍ୟ- ନାୟକର ଗରିମା ଦେବା ସହିତ ଲୋକ-ଭାଷା ବା କଥିତ ଭାଷାର ଯଥାବିଧି ପ୍ରୟୋଗ କରି ହିନ୍ଦୀକାବ୍ୟ ସାହିତ୍ୟକୁ ସମୃଦ୍ଧ କରିଛନ୍ତି। ସେହି ସମକାଳର ଶ୍ରେଷ୍ଠ କବି ଅଜ୍ଞେୟଙ୍କ ଆଧୁନିକତାବାଦର ପକ୍ଷଭୁକ୍ତ ହୋଇ ତାଙ୍କରି 'ତିସ୍‌ରା ସପ୍ତକ'ରେ ସଂଯୁକ୍ତ ହୋଇଯାଇଛନ୍ତି। କବି ହଜାରୀ ପ୍ରସାଦ ଦ୍ୱିବେଦୀ ଓ ତ୍ରିଲୋଚନଙ୍କର ସମୃଦ୍ଧ ସାନ୍ନିଧ ସହିତ ଫରାସୀ-ଜର୍ମାନୀ-ପୋଲାଣ୍ଡର କବିମାନଙ୍କ କବିତାର ଅନୁବାଦ ଓ ପ୍ରଭାବ ତାଙ୍କ ମନୋଜଗତରେ ରେଖାପାତ କରିବା ସହ ପରମ୍ପରା ଓ ଆଧୁନିକତାର ସ୍ୱର ତାଙ୍କ କବିତ୍ୱକୁ ଗରିମା ମଣ୍ଡିତ କରିଛି। ବାସ୍ତବିକତା ଓ ଫାଣ୍ଟାସୀ, ଛନ୍ଦ ଓ ଛନ୍ଦୋତ୍ତରର ଏକ ସୂକ୍ଷ୍ମ କଳାଶୈଳୀ ତାଙ୍କ କବିତାକୁ ଏକ ଭିନ୍ନ ସୁନ୍ଦର ରଙ୍ଗରେ ରଙ୍ଗାୟିତ କରିଛି।

ନିଜ ଗାଁ ଚକିୟା, ପଡ଼ରୌନା, ବନାରସ, ଦିଲ୍ଲୀ, ପ୍ୟାରିସ୍, ପେକିଂ ଓ ମସ୍କୋ - ତାଙ୍କ କବିତାର ମୁଖ୍ୟ କାବ୍ୟ-ନାୟକ ମଧ୍ୟ ହୋଇଛନ୍ତି । ତାଙ୍କର କାଳ-ବୋଧ

ତାଙ୍କର ସ୍ଥାନବୋଧରୁ ଅଲଗା ହୋଇ ବାହାରି ଆସେ। ତାଙ୍କ କବିତାର ଶୈଳୀ ଓ ତହିଁରେ ପ୍ରୟୋଗ ହୋଇଥିବା ଲୋକ-ଭାଷା ତାଙ୍କ କବିତାକୁ ବ୍ୟାପକତା ପ୍ରଦାନ କରିଛି। ଉଲ୍ଲେଖନୀୟ ଯେ ସେ ତାଙ୍କର ପ୍ରତିଟି ନୂଆ କବିତା ସଂକଳନରେ ଏକ ନୂଆ କାବ୍ୟ ପରିଭାଷାର ପ୍ରୟୋଗ କରିଥା'ନ୍ତି। 'ଅଭୀ ବିଲକୁଲ ଅଭୀ' ପରେ 'ସୋଚ୍‌ତୀ ହୁଇ ସୀ ଏକ ଲମ୍ବୀ ଚୁପ୍ପୀ' ଏବଂ ତାହା ପରେ 'ଜମୀନ୍ ପକ୍ ରହୀ ହୈ' 'ୟହାଁ ସେ ଦେଖୋ' ପ୍ରଭୃତିରେ ରହିଛି ପ୍ରତିନିଧିମୂଳକ କବିତା। 'ଟୁଟା ହୁଆ ଟ୍ରକ', 'ବନାରସ' ଓ 'ମାଁଝୀ କା ପୁଲ' ହିନ୍ଦୀ କବିତା କ୍ଷେତ୍ରରେ ନୂତନତା ପ୍ରଦାନ କରିଛି। ତାଙ୍କ ରଚିତ 'ଅକାଲ୍ ମେଁ ସାରସ' କବିତା ସଂକଳନ ପାଇଁ ସେ କେନ୍ଦ୍ର ସାହିତ୍ୟ ଅକାଦେମି ପୁରସ୍କାର ପାଇଛନ୍ତି।

ତାଙ୍କର ପରବର୍ତ୍ତୀ କବିତା ସଂକଳନ 'ଉତ୍ତର କବୀର ଔର୍ ଅନ୍ୟ କବିତାଏଁ', 'ବାଘ' ଓ 'ଟଲଷ୍ଟୟ ଔର ସାଇକିଲ୍' ଏବଂ ଆର୍କିଟାଇପ୍‌ରେ ଅନ୍ୟତମ ସାର୍ଥକ କବିତା ସଂକଳନ 'ସୃଷ୍ଟି ପର୍ ପହରା' ଅତ୍ୟନ୍ତ ଚର୍ଚ୍ଚିତ ଓ ହୃଦୟଗ୍ରାହୀ ସଂକଳନ ଭାବେ ଲୋକପ୍ରିୟ।

ଜଣେ ବିଶିଷ୍ଟ ଅନୁବାଦକ ଓ କବି ଭାବେ ସେ ବିଶ୍ୱ-କବିତାର ବହୁ ସମ୍ମେଳନରେ ଭାରତୀୟ କବିତାର ପ୍ରତିନିଧିତ୍ୱ କରିଛନ୍ତି । ତାଙ୍କର ବହୁ କବିତା ଓ ସଂକଳନର ଅନୁବାଦ ସ୍ପାନିଶ୍, ଇଂରାଜୀ, ରୁଷୀୟ, ଜର୍ମାନୀ, ଚେକ୍ ସମେତ ପ୍ରାୟ ସବୁ ଭାରତୀୟ ଭାଷାରେ ପ୍ରକାଶିତ ହୋଇ ଅତ୍ୟନ୍ତ ଲୋକପ୍ରିୟତା ଲାଭ କରିଛି।

କବି କେଦାରନାଥ ସିଂହଙ୍କ କବିତା ଉପରେ ମନ୍ତବ୍ୟ

ଭାରତୀୟ ଭାଷାଗୁଡ଼ିକ ମଧ୍ୟରେ ହିନ୍ଦୀ ଭାଷାର ସର୍ବାଧିକ ପୁରସ୍କୃତ ଲେଖକ ଅଛନ୍ତି ଏବଂ ମହାନ୍ ଲେଖକ ପନ୍ଥ, ଦିନକର, ଅଜ୍ଞେୟ, ମହାଦେବୀ, ନରେଶ ମେହତା, ନିର୍ମଳ ବର୍ମା, କୁଅଁର ନାରାୟଣ, ଶ୍ରୀଲାଲ ଶୁକ୍ଲ ଓ ଅମରକାନ୍ତଙ୍କ ସହିତ ଡ. କେଦାରନାଥ ସିଂହ ଏହି ସ୍ୱୀକୃତି ମାଧମରେ ସାମିଲ୍ ହୋଇଯାଇଛନ୍ତି ।

ଡ. କେଦାରନାଥ ସିଂହଙ୍କ କବିତାରେ ସରଳତା, ଗଦ୍ୟମୟତା । ସାଙ୍ଗିତିକତା, ବାସ୍ତବିକତା ଓ ଭୌତିକତାର ଅପୂର୍ଣ୍ଣ ସମନ୍ୱୟ ରହିଛି । ତାଙ୍କ କବିତାରେ ରହିଛି ଅର୍ଥବୋଧ, ବିବିଧ ରଙ୍ଗ ଓ ଗ୍ରହଣଶୀଳତାର ଏକ ଚମତ୍କାର ସଂଯୋଜନ । ସେ ଜଣେ ବିରଳ ଉଚ୍ଚତାର କବି । କେବଳ ଆଧୁନିକ କଳାତ୍ମକ ଅନ୍ତର୍ଦୃଷ୍ଟି ନୁହେଁ, ତାହା ସହିତ ତାଙ୍କ କବିତାରେ ସର୍ବଦା ପାରମ୍ପରିକ ଗ୍ରାମୀଣ ଜନଗଣଙ୍କ ଜୀବନବୋଧର କଥା ରହିଆସିଛି ।

- ରାଷ୍ଟ୍ରପତି ଶ୍ରୀ ପ୍ରଣବ ମୁଖାର୍ଜୀ

(ଜ୍ଞାନପୀଠ ପୁରସ୍କାର ଅର୍ପଣ ଅବସରରେ)

କେଦାରନାଥ ସିଂହଙ୍କ କବିତା ନିଜର ବିଲକ୍ଷଣରେ ଦୃଶ୍ୟାତ୍ମକ, ଲୋକକଥାର ଆସ୍ୱାଦନରେ ପରିପୁଷ୍ଟ, ଭୌତିକ-ଅଭୌତିକ ଜଗତର ପକ୍ଷଧର, ନାଟ୍ୟତତ୍ତ୍ୱରେ ଯୁକ୍ତ ତଥା ସରଳ ଭାଷାରେ ଦୀପ୍ତ । ଡ. ସିଂହ ଆଧୁନିକ ସୃଜନଶୀଳତା ଓ ଗ୍ରାମୀଣ ଜାତୀୟ ଚେତନାର ଅନୁଭବର ସନ୍ଧିରୁ କବିତାର ନୂଆ ସୌନ୍ଦର୍ଯ୍ୟ ଶାସ୍ତ୍ରର ଏପରି ଜଣେ ସୃଜନ ଶିଳ୍ପୀ, ଯାହାଙ୍କ ରଚନାର କେନ୍ଦ୍ରରେ ରହିଥାଏ ବାକ୍‌ଧ୍ୱନି । ଜୀବନର ନୈସର୍ଗିକ ଗରିମାର ପକ୍ଷଧର କବି ଡ. କେଦାରନାଥ ସିଂହଙ୍କର ଆଠଟି କବିତା ସଂକଳନ, ଚାରୋଟି ଗଦ୍ୟ ସଂକଳନ ଓ ସାକ୍ଷାତ୍‌କାର ପୁସ୍ତକ ପ୍ରକାଶିତ ।

ଡ. ସିଂହ ସାହିତ୍ୟ ଅକାଦେମି ପୁରସ୍କାର, ମୈଥିଲୀଶରଣ ଗୁପ୍ତ ସମ୍ମାନ, କୁମାରନ୍ ଆଶାନ ପୁରସ୍କାର, ଦିନ୍‌କର ପୁରସ୍କାର, ଜୀବନ ଭାରତୀ ସମ୍ମାନ, ଭାରତ ଭାରତୀ ସମ୍ମାନ, ଗଙ୍ଗାଧର ମେହର ଜାତୀୟ କବିତା ସମ୍ମାନ, ବ୍ୟାସ ସମ୍ମାନ, ଜାଶୁଆ ସମ୍ମାନ ପ୍ରଭୃତିରେ ସମ୍ମାନିତ ।

-ଭାରତୀୟ ଜ୍ଞାନପୀଠ

କେଦାରନାଥ ସିଂହ : ଆମରି ଆପଣାର କବି

ସମକାଳୀନ ହିନ୍ଦୀ ଭାଷାର ପ୍ରମୁଖ କବି କେଦାରନାଥ ସିଂହଙ୍କ କବିତାରେ ରହିଛି ସମାଦୃତ ସାଙ୍ଗିତିକତା, ଶାବ୍ଦିକ ଉଷ୍ମତା ଏବଂ ଐତିହ୍ୟ ଓ ପରମ୍ପରାର ସୁଗଭୀର ସଚେତନତା। ଗ୍ରାମ୍ୟ ଜୀବନ, କୃଷକର ହର୍ଷ ଓ ବିଷାଦ, ଋତୁ ବିବର୍ତ୍ତନର ଝଂକାର ତାଙ୍କ କବିତାରେ ସ୍ୱାତନ୍ତ୍ୟ ବହନ କରିଥାଏ। ଏକ ମୁକ୍ତ ବିସ୍ତୀର୍ଣ୍ଣ ସବୁଜ ଶସ୍ୟକ୍ଷେତ୍ର ପରି ଦିଗନ୍ତ ଯାଏ ବିସ୍ତାରିତ ତାଙ୍କ କବିତାରେ ଥାଏ ମୁକ୍ତପଣ, ବ୍ୟାପକତା, ସରଳପଣ ଓ ଗଭୀର ଅନ୍ତର୍ଦୃଷ୍ଟି ସମାହାର।

କବି ଅଜ୍ଞେୟ ଯେତେବେଳେ ତାଙ୍କ ତିସ୍‌ରା ସପ୍ତକ ମାଧ୍ୟମରେ ହିନ୍ଦୀ କବିତା କ୍ଷେତ୍ରରେ ଗଭୀରତା ଓ ବିଭିନ୍ନତା ପ୍ରୟୋଗ କରିସାରିଥିଲେ, ସେତିକିବେଳେ କବି କେଦାରନାଥ ସିଂହ ତାଙ୍କ କବିତା ରଚନା ଆରମ୍ଭ କରିଥିଲେ। ଆଦ୍ୟ ସୃଜନକାଳରେ ତାଙ୍କ କବିତାରେ ସନ୍ଥକବି ସୁରଦାସ ଓ ତୁଲ୍‌ସୀଙ୍କର ପ୍ରଭାବ ପଡ଼ିଥିଲା। ସେମାନଙ୍କ କବିତାର ସୂକ୍ଷ୍ମାନୁଭବ ଓ ସାଙ୍ଗିତିକତା ଥିଲା ସାଧାରଣ ଲୋକମାନଙ୍କର ହୃଦୟଗ୍ରାହୀ। କେଦାରନାଥଙ୍କର କାବ୍ୟ ସାଧନାର ଆଦ୍ୟକାଳରେ ସେସବୁ କବିତାର ପ୍ରଭାବ ସଠିକ୍ ଭାବେ ବାରି ହୋଇପଡ଼େ। ସଦାବେଳେ ତାଙ୍କ କବିତାରେ ସେ ସରଳ ବର୍ଣ୍ଣନା ସହିତ ସଂଗୀତ-ମାଧୁର୍ଯ୍ୟର ନୂଆ ଦିଗଗୁଡ଼ିକର ଅନ୍ୱେଷଣରେ ଅନୁବ୍ରତୀ ଥାଆନ୍ତି। ଗାଁର ଚାଷୀ ତଥା ସାଧାରଣ ବ୍ୟକ୍ତିମାନଙ୍କର ହର୍ଷ ବିଷାଦ, ସରଳ ଜୀବନର ଦୈନନ୍ଦିନ ଯାପନ ପ୍ରକ୍ରିୟାକୁ ତାଙ୍କ କଳ୍ପନା ମାଧ୍ୟମରେ ଉଚ୍ଚତର ଉଡ଼ାଣକୁ ନେଇଯିବା ପାଇଁ ତାଙ୍କ ଭିତରେ ଥିବା ଗଭୀର ଯାଦୁକରୀ ଦକ୍ଷତା ପ୍ରତି ସେ ସଚେତନ ଥାଆନ୍ତି।

ଛାୟାବାଦ ଯୁଗର ଅସ୍ତମିତ କାଳ ଓ ନବ୍ୟ କବିତାର ଉନ୍ମେଷ କାଳରେ ନିଜ ଭିତରେ ଥିବା ଏକ 'ଗ୍ରାମ୍ୟ ବାଳକ'ର ଭାବକୁ ଉଲ୍ଲାସ ଓ ଗଭୀର ଅନ୍ତର୍ଦୃଷ୍ଟି ସହ ଜୀବନର ଅର୍ଥ ଅନ୍ୱେଷଣ କ୍ରିୟା ଭିତରେ ଐତିହ୍ୟ ଓ ପରମ୍ପରାକୁ ସମାବିଷ୍ଟ କରି କାବ୍ୟ ସାଧନାକୁ ବ୍ୟାପକତର କରିଚାଲିଲେ। କବିତାର ନୂଆମୋଡ଼ କ୍ଷେତ୍ରରେ ତାଙ୍କର ପୂର୍ବସୂରୀ ଉଭୟ ନାଗାର୍ଜୁନ ଓ କେଦାରନାଥ ଅଗ୍ରୱାଲଙ୍କର ସେ ଥିଲେ ଜଣେ ସମର୍ଥକ ଓ ପ୍ରଶଂସକ। କେଉଁଠି ଏକଦା ସେ ନିଜକୁ 'ନଈକୂଳର କବି' ବୋଲି ମଧ ବର୍ଣ୍ଣନା କରିଛନ୍ତି ଏବଂ ଏହାର ଯଥାର୍ଥତା ସ୍ୱରୂପ ତାଙ୍କ କବିତା ଗୁଡ଼ିକରେ ଏକ ବହମାନ ନଦୀର ନାଦ ପ୍ରତିଧ୍ୱନିତ ହେଉଥିବା ପ୍ରତ୍ୟକ୍ଷ କରିହୁଏ। ତାଙ୍କ ଜନ୍ମସ୍ଥାନ ଭୋଜପୁରର ଦାରିଦ୍ର୍ୟ ଓ ସୁବିଧାସୁଯୋଗରୁ ବଞ୍ଚିତ ଅବସ୍ଥା ବାଧାହୀନ ଭାବେ ତାଙ୍କ ଚିନ୍ତନ ତଥା ସାହିତ୍ୟ ସୃଜନ ଭିତରେ ସମାବିଷ୍ଟ ହୋଇଯାଇଛି।

ଗାଁର ସରଳ ଜୀବନଯାପନ ପ୍ରତି ତାଙ୍କରି ଗଭୀର ଶ୍ରଦ୍ଧା ସଦାବେଳେ ତାଙ୍କ କବିତାରେ ରହିଆସିଛି; ତାଙ୍କର ଅତି ଅନ୍ତରଂଗ ଗାଁର ଚିତ୍ର ନିରନ୍ତର ଭାବେ ଓ ତ୍ରୀବ୍ରଗତିରେ ତଥା ସ୍ୱାଭାବିକ ଭାବେ ଆଧୁନିକତାର ପ୍ରଭାବରେ ପରିବର୍ତ୍ତିତ ହୋଇଚାଲିଛି। ସେ ବନାରସକୁ ଆସିବା ପୂର୍ବରୁ ମୁକ୍ତିବୋଧ ସେଠାରୁ ଚାଲିଯାଇଥିଲେ। କବି ତ୍ରିଲୋଚନଙ୍କ ପୁତ୍ର ଥିଲେ କେଦାରନାଥଙ୍କ ଛାତ୍ରାବାସର ସହ-ଅନ୍ତେବାସୀ ଏବଂ ଏହି ସୁଯୋଗରେ କବିଙ୍କ ସହ ତାଙ୍କର ପ୍ରତ୍ୟକ୍ଷ ସଂପର୍କ ଗଢ଼ି ଉଠିଥିଲା। ତ୍ରିଲୋଚନ ପ୍ରକୃତରେ ଥିଲେ ସାହିତ୍ୟ କ୍ଷେତ୍ରରେ ଜଣେ ଅଭିଜ୍ଞ ଓ ବିଶ୍ୱସ୍ତ ଉପଦେଷ୍ଟା। ଫଳତଃ ତାଙ୍କଠାରୁ ତାଙ୍କରି ଦୀର୍ଘ ତଥା ଗଭୀର ଅଭିଜ୍ଞତାରୁ କବି କେଦାରନାଥ ସାହିତ୍ୟ ସୃଜନର କେତେ ନୂଆ ଦିଗ ଓ ଶୈଳୀ ସଂପର୍କରେ ଜାଣିବାର ଅବକାଶ ଲାଭ କରିଥିଲେ। ସେହି ପ୍ରାପ୍ତି ତାଙ୍କୁ ସାହିତ୍ୟରେ ଏକ ନୂଆ ଦିଗ, ଉନ୍ମାଦନା, ବ୍ୟାପକ ପ୍ରାଣଶକ୍ତି ପ୍ରାପ୍ତି ତଥା ଫଳପ୍ରସୂ କରାଇବାରେ ସହାୟକ ହୋଇଥିଲା। ଏଇଠି ହିଁ ତାଙ୍କ କାବ୍ୟଯାତ୍ରାରେ ଏକ ସଫଳ ମୋଡ଼ ଆସିଯାଇଥିଲା, ଫଳତଃ ସେ ଆଉ ପଛକୁ ଫେରି ଚାହିଁ ନାହାନ୍ତି।

କେଦାରନାଥ ତାଙ୍କର ଅବସର ଗ୍ରହଣ ପର୍ଯ୍ୟନ୍ତ ଜବାହରଲାଲ ନେହରୁ ବିଶ୍ୱବିଦ୍ୟାଳୟରେ ଅଧ୍ୟାପନା କାର୍ଯ୍ୟ କରିଥିଲେ। ଛାୟାବାଦର ପ୍ରତୀକ ପ୍ରୟୋଗ ସଂପର୍କରେ ସେ ଗବେଷଣା କରି ଡକ୍ଟରେଟ୍ ଉପାଧି ପାଇଥିଲେ, କିନ୍ତୁ ପ୍ରାରମ୍ଭିକ କାଳରୁ ସେ ନିଜକୁ ଜଣେ କବି ଭାବରେ ପ୍ରତିପାଦିତ କରିପାରିଥିଲେ, ସମାଲୋଚକ ଭାବେ ନୁହେଁ। ମୋ ମତରେ ତାଙ୍କ କବିତା ସଂକଳନ ଗୁଡ଼ିକ ମଧ୍ୟରେ 'ଅକାଲ୍ ମେଁ ସାରସ' ହେଉଛି ତାଙ୍କର ଶ୍ରେଷ୍ଠତମ କାବ୍ୟ ସଂକଳନ। ତାଙ୍କର ଉଲ୍ଲେଖନୀୟ କବିତା ସଂକଳନ ଗୁଡ଼ିକ ମଧ୍ୟରେ ରହିଛି ଅଭୀ ବିଲ୍‌କୁ ଅଭୀ, ଜମୀନ୍ ପକ୍ ରହି ହୈ, ୟହାଁ ସେ ଦେଖୋ, ବାଘ,ଟଲଷ୍ଟୟ ଔର ସାଇକିଲ୍ ଏବଂ ତାଙ୍କର ସଦ୍ୟ ପ୍ରକାଶିତ ସୁନ୍ଦର କବିତା ସଂକଳନ 'ସୃଷ୍ଟି ପର୍ ପହରା।'

ତାଙ୍କ କବିତାରେ ରହିଛି ପ୍ରାଚୀନ ଲୋକକଥାର ରୂଢ଼୍ୟୋକ୍ତି, ଆଧୁନିକ ସହରୀ ସଭ୍ୟତାର ଅଭିବ୍ୟକ୍ତି, ପରମ୍ପରାଗତ ତଥା ଆଧୁନିକକାଳର ରୂପକଳ୍ପ ଯାହା ତାଙ୍କ କବିତାକୁ ବାତ୍ସାୟନ ଓ କୁଅଁର ନାରାୟଣଙ୍କ କବିତା ଠାରୁ ସ୍ୱତନ୍ତ୍ର ବୋଲି ପ୍ରତିପାଦିତ କରିଥାଏ। କେଦାରନାଥଙ୍କ କବିତାରେ ସାମ୍ପ୍ରତିକ କାଳ, କିମ୍ବଦନ୍ତୀ ଓ ଇତିହାସ ଅତି ଚମତ୍କାର ଭାବେ ସମାବିଷ୍ଟ ହୋଇଥାଏ। ତେଣୁ ଯଥାର୍ଥରେ ସାଂପ୍ରତିକତା ହିଁ କାଳଖଣ୍ଡର ଏକ ବାସ୍ତବିକ ଚିତ୍ର ଉପସ୍ଥାପନ କରିଥାଏ। ତାଙ୍କ କବିତାରେ ସ୍ଥାନୀୟ କଥିତ ଭାଷାର ପ୍ରୟୋଗ, ଶ୍ଳେଷାତ୍ମକ ଅଭିବ୍ୟକ୍ତି ଓ ମର୍ଯ୍ୟାଦାସମ୍ପନ୍ନ ଭାବେ ସ୍ୱଗତୋକ୍ତିର ଝଲକ

ଦେଖିବାକୁ ମିଳିଥାଏ। ତାଙ୍କ ରଚନା ମାଧ୍ୟମରେ ଆଧୁନିକ ହିନ୍ଦୀ କବିତା ଏକ ନୂଆ ପରିପକ୍ୱତା ଓ ଆକର୍ଷଣ ଲାଭ କରିଛି। ତାଙ୍କ କବିତାର ଅନୁରାଗୀ ଓ ପାଠକଗଣ ଜାଣନ୍ତି ଯେ କେଦାରନାଥଙ୍କ ପରି ତାଙ୍କର କବିତା ନିରାଡ଼ମ୍ବର, ପରିଚ୍ଛନ୍ନ, ସରଳ, ଆକର୍ଷଣୀୟ ଓ ହୃଦୟଗ୍ରାହୀ। ଆମେ ସମସ୍ତେ ଜାଣନ୍ତି ଯେ ସେ ତାଙ୍କ ବ୍ୟକ୍ତିଗତ ଜୀବନରେ ଯେଉଁ ଦୁଃଖଦ ଘଟଣାଗୁଡ଼ିକର ସମ୍ମୁଖୀନ ହୋଇଛନ୍ତି, ସେହିସବୁ ବ୍ୟକ୍ତିଗତ ଦୁଃଖକୁ ସେ ତାଙ୍କ କବିତାରେ ଆକର୍ଷଣୀୟ ଢଙ୍ଗରେ ସାର୍ବଜନୀନ କରି ଦେଇଛନ୍ତି।

ତାଙ୍କ ରଚିତ କବିତାରେ ଦୈନନ୍ଦିନ ଜୀବନର ବାସ୍ତବତା ଭିତରେ ରହିଛି ନୀରବତା, ରହସ୍ୟମୟତା ଓ ଯାଦୁକାରୀତା ଏବଂ ତାହା ଆମକୁ ପୁଣି ଥରେ ସ୍ମରଣ କରାଇଦିଏ ଯେ 'ସାଧାରଣତ୍ୱ' ହିଁ କବିତାର ପରିମଣ୍ଡଳ। ଆଉ ସଦାବେଳେ ସେହି ଅତି-ସାଧାରଣ ହିଁ ସାମୂହିକତାର ପରିସର ଭୁକ୍ତ।

- ଡ. ସୀତାକାନ୍ତ ମହାପାତ୍ର

କେଦାରନାଥ ସିଂହଙ୍କ କବିତାରେ ଅର୍ଥ 'କହିବା' ବା 'ଘୋଷଣା' ନଥାଏ-ଥାଏ ଧ୍ୱନି। ଭାଷାରେ ସେହିପରି ଭାବେ ତାହା ଝଂକୃତ ହୋଇଥାଏ- ଯେପରି 'ବାଘ' କବିତାରେ ଏକ ରାଗ ଧ୍ୱନିତ ହୋଇଥାଏ। ତହିଁରେ କଥନ ରହିତ ସଂଗୀତ ପରି ଏକ ପରିଚିତ ରାଗର ଆଳାପ ଓ ନାଦ ଥାଏ ଯାହା ସଂଗୀତର ଉପମା ଉଦ୍ଦେଶ୍ୟରେ ସମାହିତ। ପୁରୁଣା ରାଗର ଉପସ୍ଥିତିକୁ ବଜାୟ ରଖି ବାଦ୍ୟକାର ଯେପରି ଭାବେ ନିଜର ପ୍ରସ୍ତୁତିରେ କୌଣସି ନୂଆ କଥାକୁ ଜନ୍ମ ଦେଇଥାଏ, କେଦାର କିଛିକିଛି ସେହି ପରିକା ନିଜର ପାରମ୍ପରିକ ବିଶ୍ୱାସକୁ ନୂଆ ପ୍ରକାରରେ ଝଙ୍କୃତ କରିଥାନ୍ତି।

ଏହି ଉପକ୍ରମରେ ତାଙ୍କ କବିତାର ଭାଷା ନିଜ ଢ଼ଂଗରେ ବଡ଼ ରୋଚକ ତଥା ଆକର୍ଷଣୀୟ ବନ୍ଧନ ତିଆରି କରିଥାଏ।

-କୁଅଁର ନାରାୟଣ,

ହିନ୍ଦୀ ଭାଷାର ଅଗ୍ରଗଣ୍ୟ କବି

ଭାରତୀୟ କବିତାର ଉଜ୍ଜ୍ୱଳ ନକ୍ଷତ୍ର କେଦାରନାଥ ସିଂହଙ୍କ କବିତାଗୁଡ଼ିକ ପ୍ରକୃତ ଅର୍ଥରେ 'ବହୁଧ୍ୱନ୍ୟାତ୍ମକ' ଓ 'ସମ୍ବେଦନଶୀଳ'। ଜାତୀୟ ପରମ୍ପରାକୁ ସମକାଳୀନ ପରିପ୍ରେକ୍ଷୀରେ ଉପସ୍ଥାପିତ କରିବା, ଜୀବନର ନାନାଦି ବିଡ଼ମ୍ବନାକୁ ସଚେତନତାର ସହ କବିତାରେ ସ୍ଥାନିତ କରିବାରେ ସେ ଧୁରୀଣ। ଚରିତ୍ର, ବିମ୍ବ, ସମ୍ବେଦନଶୀଳତା ଗାଁ, ସହର, ମିଥ୍ ଓ ଲୋକଭାଷାରେ ସମ୍ପନ୍ନ ତାଙ୍କ କବିତା। ତର୍କ ଓ

ଅପୂର୍ବ ଯାଦୁକରୀ ଶକ୍ତିରେ ତାଙ୍କ କବିତା ମାର୍କେଜ ଓ ବଶୀରଙ୍କୁ ସ୍ମରଣ କରାଇଦିଏ। ତାଙ୍କ କବିତା ଭାରତୀୟ ପରିଦୃଶ୍ୟରେ ଅଭିନ୍ନ। ସେ ଓଡ଼ିଆ, ବଙ୍ଗଳା, ଅସମିୟା ଓ ମାଲୟାଲମ ଭାଷାର ବିଶିଷ୍ଟ କବିଙ୍କ ନାମରେ ନାମିତ ପୁରସ୍କାର ଲାଭ କରିଛନ୍ତି। ତାମିଲ ଓ ମାଲାୟାଲମ ଭାଷାର ବିଶିଷ୍ଟ କବିଗଣ ତାଙ୍କ କବିତା ଉପରେ ମୁଗ୍ଧ ମନ୍ତବ୍ୟ ପ୍ରଦାନ କରିଛନ୍ତି।

କେଦାରନାଥଙ୍କ କବିତା ଦୁଇଟି ସଂସ୍କୃତିର ଚାପ, ସ୍ମୃତି ଓ ବିମ୍ବ ମାଧ୍ୟମରେ ବ୍ୟକ୍ତ। ତାଙ୍କ କବିତାରେ ଭାଷା ପ୍ରୟୋଗ ଅନନ୍ୟ - କଥିତ ଭାଷାକୁ ସେ ବ୍ୟବହାର କରି ଭାଷାଚେତନା କ୍ଷେତ୍ରରେ ଉଲ୍ଲେଖନୀୟ କାର୍ଯ୍ୟ କରି ଆସୁଛନ୍ତି। ସୀମାନ୍ତରେ ଟଳମଳ ହେଉଥିବା ଲୋକଭାଷା ସାହିତ୍ୟର କେନ୍ଦ୍ରବିନ୍ଦୁରେ ଆସି ସ୍ଥାନିତ ହୋଇଯାଏ ତାଙ୍କ କବିତାରେ, କବିତାର ଅଭ୍ୟନ୍ତରର ପରିଦୃଶ୍ୟ ବହୁମୁଖୀ ହୋଇଉଠେ। କବି କେଦାରନାଥ ଦୈନନ୍ଦିନ ଜୀବନରୁ ହିଁ ଆସିଥିବା ପ୍ରତୀକ ଗୁଡ଼ିକକୁ କବିତାରେ ବ୍ୟବହାର କରିଥା'ନ୍ତି। ଏହି ଶୈଳୀ ତାଙ୍କୁ ସନ୍ଥକବିମାନଙ୍କ କବିତାର ଜଣେ ଅନୁଗ୍ରାହୀ ପାଠକ ହିସାବରେ ପ୍ରାପ୍ତ ହୋଇଛି।

-କେ. ସଚ୍ଚିଦାନନ୍ଦନ,

ମାଲାୟାଲମ ଭାଷାର ବରିଷ୍ଠ କବି

କବି କେଦାରନାଥଙ୍କୁ ସେହି ବିରଳ କବିମାନଙ୍କ ପରି ପଢ଼ାଯିବା ଉଚିତ - ଯାହାଙ୍କ କବିତାର ପଂକ୍ତି ଓ ସ୍ୱରଲିପି ଉଲ୍ଲେଖନୀୟ ଏବଂ ଏପରି ପଢ଼ିଲେ ହିଁ ତାଙ୍କ ସ୍ୱରରେ ଥିବା ଅନ୍ତର୍ନିହିତ ଅର୍ଥ ପାଖରେ ଆମେ ପହଞ୍ଚିପାରିବା। ସେ ଏକାଡ଼େମିକ ଅଧ୍ୟୟନ ଓ ଜଡ଼ ଇତିହାସ ଉପରେ ମନ୍ତବ୍ୟ ଦେବା ସହିତ ଏପରି ଏକ ପବିତ୍ର ନୈସର୍ଗିକ ଜୀବନର ଗରିମାକୁ ବଞ୍ଚାଇବା ପାଇଁ ଯତ୍ନବାନ ହୋଇ ଛିଡ଼ା ହୋଇଥିବାର ଦିଶନ୍ତି।

- ରାଜେଶ ଜୋଶୀ,

ହିନ୍ଦୀ ଭାଷାର ବରିଷ୍ଠ କବି

ନିଜ କବିତା ରଚନା ସଂପର୍କରେ କବି

ମୁଁ କଥା କହୁଛି, ତେଣୁ ଲେଖୁଛି

-କେଦାରନାଥ ସିଂହ

ମୁଁ କାହିଁକି ଓ କିପରି ଲେଖୁଛି ତାହାର ସିଧା ଉତ୍ତର ମୋ ପାଖରେ ନାହିଁ। କେବଳ ଏତିକି ମାତ୍ର ଜାଣିଛି ଯେ ମୋ ସୃଜନଯାତ୍ରା ମୋ କଥା କହିବାରୁ ଆରମ୍ଭ ହୋଇଥାଏ। ମୁଁ କଥା କହୁଛି, ତେଣୁ ଲେଖୁଛି। ମାନବ ସମାଜର ଇତିହାସରେ ରଚନା ଓ କଥନର ଅନୁବର୍ତ୍ତୀ ଏହି କଥା, ସୃଜନ-ପ୍ରକ୍ରିୟାରେ ମଧ୍ୟ ପ୍ରଯୁର୍ଯ୍ୟ। ମୋତେ ସଦାବେଳେ ଲାଗେ ଯେ ଯେତେବେଳେ ମୁଁ ଲେଖିଚାଲେ ସେତେବେଳେ ମୁଁ କିଛି ନା କିଛି ହିଁ କହିଚାଲିଛି। ଏ କଥା ମୋତେ ବାରମ୍ବାର ସୂଚୀତ କରିଦିଏ ଯେ ମୋର ଓ କାଗଜ ପିଠିରେ ଓହ୍ଲାଇ ପଡୁଥିବା ଶବ୍ଦ ସବୁର ମଝିରେ ଆଉ କେହି ଜଣେ ବି ରହିଛି, ଯିଏ ନିରନ୍ତର ଭାବେ ଉପସ୍ଥିତ ରହିଛି। ପ୍ରକୃତରେ ସେହି ଆସନ୍ନ ଉପସ୍ଥିତି ହିଁ ମୋର ଓ ମୋ ଶବ୍ଦ ଭିତରେ ହିଁ ସଂପର୍କ ନିର୍ଦ୍ଧାରଣ କରିଥାଏ। ସତ୍ୟ ହେଉଛି ଯେ ତାହା ସେହି ଉପସ୍ଥିତ ଶବ୍ଦ ସହିତ ହିଁ ସଦାବେଳେ ଲାଗିହୋଇ ରହିଥାଏ। ଶବ୍ଦ ବାହାରୁ ଆସିଥାଏ ଓ ସେ ଯେତିକି ପରିମାଣରେ ବାହାରର, ସେତିକି ପରିମାଣର ତାହା ବାହାରର ବାସ୍ତବିକତାକୁ ଆଣି ମୋ ଭିତରେ ଥାପି ଦେଇ ଥାଏ। ଏଣୁ କାଗଜରେ ପୃଷ୍ଠା ଉପରେ ଯାହା କିଛି ଲେଖା ହୋଇଯାଏ, ତାହା ବାହାର ଓ ଭିତରର ଏକ ମୂକ ସଂଳାପ ହିଁ ହୋଇଥାଏ। କେତେ ଥର ମୁହଁର କଥା ଓ କେତେଥର ଏକ ଅଜବ ସଂଘାତ ଚାପରେ ଶବ୍ଦ ଚୁପ୍‌ଚାପ୍ ସଂଘର୍ଷ କରିଚାଲିଥାଏ।

କବିତାର ଭୂମିକା ବା ତାହାରି ସଂପୂର୍ଣ୍ଣ ସ୍ୱରୂପ ଉପରେ ବିଚାର କରିବା ବେଳେ ମୋର ଅନୁଭବ ହୁଏ ଯେ ସେହି ନିର୍ଦ୍ଦିଷ୍ଟ ବିଷୟକୁ ଦୃଷ୍ଟିର ଆଢୁଆଳରେ ରଖିଦେବା ଉଚିତ୍ ନୁହେଁ, ଯହିଁରେ ଆଜି ଜଣେ ଭାରତୀୟ କବି ରଚନାରତ ଅଛନ୍ତି। ଏହି ତଥ୍ୟ ଉପରେ ଖୁବ୍ କମ୍ ଧ୍ୟାନ ଦିଆଯାଇଛି, ଯେଉଁ ସୀମାରେଖା ଉପରେ ଛିଡ଼ା ହୋଇ ଆଜି

ଅଧିକାଂଶ ଭାରତୀୟ କବିତା ରଚନା ହୋଇଚାଲିଛି। ସେଥିରେ ଆମରି ଜାତୀୟ ଚେତନାର ଦୁଇଟି ଦିଗ, ଅର୍ଥାତ୍ ସହର ଓ ଗାଁ, ଅଜବ ଢଂଗରେ ମିଳିମିଶି ରହିଥାଏ। କେତେ ଥର ଏହି ମିଶ୍ରିତ ପରିମାଣକୁ କବି ଜାଣିପାରିଥାଏ ଏବଂ କେତେଥର ସେ ଅଜଣା ଭାବେ ହିଁ ତାହାକୁ ନିଜର ସଂପୂର୍ଣ୍ଣ ବୋଧର ଅଂଶଟିଏ ହେବାକୁ ଦେଇଥାଏ। ଭାରତୀୟ କବିର ବାସ୍ତବ-ବୋଧର ଏପରି ଏକ ବିଶେଷତ୍ୱ ରହିଛି ଯାହା ତାହାକୁ ପାଶ୍ଚାତ୍ୟ କବିତାର ସମ୍ବେଦନା ଠାରୁ ପୃଥକ୍ କରି ଦେଇଥାଏ।

ସହର କେନ୍ଦ୍ରିତ ଆଧୁନିକ ସୃଜନଶୀଳତା ଓ ଗ୍ରାମୋନ୍ମୁଖୀ ଜାତୀୟ ଚେତନାର ମଝିରେ ଯେତେବେଳେ ମୁଁ ନାହିଁ ସେତେବେଳେ ଏକ ନିର୍ଦ୍ଦିଷ୍ଟ ଚାପ ଅନୁଭବ କରିଥାଏ। ଏହି ଚାପ ଆମରି ଦୈନନ୍ଦିନ ଓ ସାମାଜିକ ଜୀବନର ଏକ ଏପରି ପରିଚିତ ବାସ୍ତବିକତା ଯାହା ଉପରକୁ ଆମରି ଧ୍ୟାନ ଖୁବ୍ କମ୍ ଯାଇଥାଏ। ମୋ ପାଇଁ ଏହି ଅନୁଭବ ଏକ 'ଏସ୍ଥେଟିକ୍' ବୋଧ ମଧ୍ୟ ଏବଂ ତୀକ୍ଷ୍ଣ ଦୃଷ୍ଟିରେ ମୋରି ନୈତିକ ଚେତନାର ଏକ ଅବିଚ୍ଛିନ୍ନ ଅଂଶ ମଧ୍ୟ। ମୋ ସୃଜନ କର୍ମରେ ଏହା ଏକ ପ୍ରଚେଷ୍ଟା ଯେ ତହିଁରେ ଅନୁଭବର ଏହି ଦୁଇଟି ସ୍ତରର ଅନ୍ତଃପ୍ରକ୍ରିୟା କେତେଦୂର ପର୍ଯ୍ୟନ୍ତ ସମାହିତ ହୋଇପାରିବ। ତାହା କେତେ ପରିମାଣରେ ସମାହିତ ହେବା ସମ୍ଭବପର ହୋଇପାରେ, ଏକଥା କହିବା ମୋ ପକ୍ଷରେ କଷ୍ଟକର। କିନ୍ତୁ ତାହା ମୋ ସୃଜନକ୍ରିୟାର ଏକ ଆବଶ୍ୟକୀୟ ଅଂଶଟିଏ, ଏକଥା ବିସ୍ମରି ଦେବାକୁ ମୁଁ ଚାହେଁ ନାହିଁ।

ମୋ କବିତାର ପାଠକ କେଉଁମାନେ ଏବଂ ସେମାନେ କେଉଁଠାରେ, ଏକଥା ମୁଁ ସଠିକ୍ ଭାବେ ଜାଣେ ନାହିଁ। ଏହା ଜାଣିବାର କୌଣସି ସଳଖ ଉପାୟ ମଧ୍ୟ ମୋ ନିକଟରେ ନାହିଁ। ଏକ ରୋଚକ କିମ୍ବଦନ୍ତୀ ପରି ମୋତେ କେବଳ ଏତିକି ଜଣା ଅଛି ଯେ ହିନ୍ଦୀ ଭାଷୀ ସମାଜରେ ସେହି ଯେଉଁ କ୍ଷୁଦ୍ର ସଂସାରଟିଏ ରହିଛି, ଯାହାକୁ ଖୁବ୍ ପଢ଼ାଲେଖା ସମାଜର ପାଠକ ବୋଲି କୁହାଯାଇଥାଏ। ହୁଏତ କବିତାର ପାଠକ ସେଇଠି ରହିଥାଇ ପାରନ୍ତି। ତାହା ମୋ ପାଇଁ ଅଜ୍ଞାତ ଓ ବ୍ୟାକୁଳତାହୀନ ଅଞ୍ଚଳ। ତାହାର ସେହି ଅଜ୍ଞାତ ଓ ବ୍ୟାକୁଳତାହୀନପଣ ମୋତେ କେତେଥର ପରିଶ୍ରାନ୍ତ କରିଥାଏ। କିନ୍ତୁ ସେ ଏକ କ୍ଷୁଦ୍ର ଜଳାବାଟ ଦେଇ ଚୁପ୍‌ଚାପ୍ ମୋର ସମସ୍ତ ସୃଜନ-କର୍ମକୁ ପ୍ରତ୍ୟକ୍ଷ କରିଚାଲିଥାଏ। ସେ ଅଦୃଶ୍ୟ ଭାବେ ଦେଖିବା ହିଁ ମୋ'ରି ସମସ୍ତ ରଚନାର ଭାଷା ଓ ତାହାରି ସ୍ୱରକୁ ଅନେକ ପରିମାଣରେ ପ୍ରଭାବିତ କରିଥାଏ। ଏକଥା ସତ ଯେ ଆଜି ପାଠକ ଯଦି କେଉଁଠି ଅଛନ୍ତି ତ ତାହା ସମଗ୍ର କାବ୍ୟ-ପରିମଣ୍ଡଳର ସୀମାନ୍ତରେ ହିଁ ରହିଛନ୍ତି, କେନ୍ଦ୍ରରେ ନୁହେଁ ଓ ସବୁକିଛି ଯୁକ୍ତ କଲେ ସେଠାରେ ବି ତାହାରି ସ୍ଥିତି

ସନ୍ଦେହ ଘେର ଭିତରୁ ବାହାରେ ନାହିଁ। ପାଠକଙ୍କର ଏହି ସଂଦିଗ୍ଧ ସ୍ଥିତିକୁ ଏକ ବଳିଷ୍ଠ ମାନବିକ ସମ୍ଭାବନାରେ ପରିବର୍ତ୍ତନ କରାଯାଉ- ଏହା ମୋ ସୃଜନ କର୍ମର ଅନ୍ୟତମ ଦାବି ବା ଆଗ୍ରହ। ଗୋଟିଏ ଦୃଷ୍ଟିରୁ ଦେଖିଲେ ସମଗ୍ର ଭାରତୀୟ କବିତା ପାଠକ ବା ସହୃଦୟଙ୍କ ସହିତ ଏକ ଗଭୀର ସ୍ତରରେ ସଂଯୁକ୍ତ ହୋଇରହିଛି ଏବଂ ଏହା ମୋତେ ତାହାରି ଏକ ଚରିତ୍ର ଲକ୍ଷଣ ପରି ପ୍ରତୀତ ହେଉଛି। ଜଣେ ସମକାଳୀନ ଲେଖକ ହିସାବରେ ଏଠାରେ ମୁଁ ନିଜର ସ୍ଥିତିକୁ ଟିକେ ବିଡ଼ମ୍ବନାପୂର୍ଣ୍ଣ ଅବସ୍ଥାରେ ଥିବା ଅନୁଭବ କରୁଛି ଏବଂ ଲେଖିବା ସମୟରେ ନିଜର ସ୍ଥିତିର ସେହି ଅଂଶଟିକୁ ଭୁଲିଯିବାକୁ ଚାହୁଁନାହିଁ।

ଏଠାରେ ମୁଁ ଏକ ଛୋଟ ଘଟଣାର ଉଲ୍ଲେଖ କରିବାକୁ ଚାହୁଁଛି। ଦୁଇବର୍ଷ ତଳେ ଯେତେବେଳେ ଗ୍ରୀଷ୍ମ ଅବକାଶରେ ମୁଁ ମୋ ଗାଁକୁ ଯାଇଥିଲି, ହଠାତ୍ ଦିନେ ଜଣେ ବୃଦ୍ଧବ୍ୟକ୍ତିଙ୍କ ସହ ମୋର ଭେଟ ହୋଇଗଲା। ସେ ଥିଲେ ଗାଁ ଅନୁଭବର ଜଣେ ପରିପକ୍ୱ କର୍ମଠ କୃଷକ। ମୁଁ ପ୍ରଣାମ କରିବାରୁ ସେ ହସିହସି କହିଲେ- "ଶୁଣୁଛି ତମେ କବିତା ଲେଖୁଛ।' ମୁଁ ସମ୍ମତି ସୂଚକ ମୁଣ୍ଡ ହଲାଇବାରୁ ସେ କହିଲେ- 'କିଛି ଶୁଣାଅ ତ।' କିଛି କ୍ଷଣ ପାଇଁ ମୁଁ ନିର୍ବାକ ହୋଇ ଛିଡ଼ା ହୋଇଯାଇଥିଲି। କ'ଣ ବା ତାଙ୍କୁ ଶୁଣାଇଥାନ୍ତି ! ସୁତରାଂ ତାଙ୍କୁ ହାତଯୋଡ଼ି ଆଗକୁ ଚାଲିଗଲି। କିନ୍ତୁ ନିଜ ସମାଜରେ ନିଜର ବିଡ଼ମ୍ବନା ସ୍ଥିତିର ସଳଖ ଅନୁଭବ ମୋର ପ୍ରଥମ ଥର ପାଇଁ ସେଦିନ ହୋଇଗଲା। ମୁଁ ଜାଣେ ଯେ ଆଜିର କବିତାର ଏକ ସୀମାରେଖା ରହିଛି। ମାତ୍ର କେଉଁ ଦୋଷଗୁଣରୁ ତାହା ଜଣେ ବୃଦ୍ଧ କୃଷକଙ୍କୁ ଶୁଣା ଯାଇପାରିବ ନାହିଁ। ଏହି କଠୋର ସତ୍ୟ ଯଦି ଆମକୁ ଉଦ୍‌ବେଳିତ ବା ବିଚଳିତ ନକରେ, ତାହାଲେ ଆମକୁ ଏହା ସ୍ୱୀକାର କରିବାକୁ ପଡ଼ିବ ଯେ ଆମରି ଆବେଗ ଓ ସମ୍ବେଦନାରେ କୌଣସି ଏକ ବ୍ୟବଧାନ ନିଶ୍ଚୟ ରହିଛି।

ମୋ ପାଇଁ ସୃଜନ ପ୍ରାୟତଃ ଏହି ପ୍ରକାରର ଏକ ଦାୟିତ୍ୱବୋଧର କାମ, ଏହା ଯେପରି ଜଣେ ମିସ୍ତ୍ରୀ ପାଇଁ ଏକ ଢିଲା ନଟ୍‌କୁ ପେଚ୍‌କସ୍ କରିବା ବା ଏକ ମେଣ୍ଢା ଜଗୁଆଳି ପାଇଁ ତା'ର ହଜିଯାଇଥିବା ମେଣ୍ଢା ଖୋଜି ଆଣିବା କାମ। ଆମେ ତିନିହେଁ ଏପରି ଭାବେ ନିଜ ନିଜର ନାଗରିକତାର ଖଜଣା ପଇଠ କରିଚାଲିଛୁ। କବିତା ନିକଟରେ ମୁଁ ଏତିକି ଦାବି କରିବାକୁ ଚାହୁଁଛି ଯେ ଯେତିକି ପରିମାଣରେ ସେ ହିଁ ଦେଇପାରିବ। କବିତା-କେବଳ ଏହି କାରଣରୁ ହିଁ ତାହା କବିତା। କବିତା ସଂସାରକୁ ପରିବର୍ତ୍ତନ କରିଦେବ, ଏପରି ଆସ୍ଫାଳନ ମୁଁ କେବେ ବି କରିନାହିଁ। କବିତାର ଜଣେ

ସ୍ରଷ୍ଟା ଭାବେ, ବିଶେଷ କରି ଏକ ବସ୍ତୁବାଦୀ ସମାଜର ଉପଭୋକ୍ତାମାନଙ୍କ ପାଇଁ ଲେଖାଯାଉଥିବା କବିତାର ସାମର୍ଥ୍ୟ ଓ ସୀମାରେଖା ବିଷୟରେ ମୁଁ ଜ୍ଞାତ। ଏଇଥିପାଇଁ ଏଇ କଥାକୁ ନେଇ ମୋ ମନରେ କୌଣସି ଭ୍ରମ ନାହିଁ ଯେ ମୋର ପ୍ରଥମ ଯୁଦ୍ଧ ନିଜ ବର୍ଗ ଭିତରେ ହିଁ ରହିଛି ଏବଂ ତାହା ହେଉଛି କିପରି ଭାବେ କବିତାକୁ ମାନବ ସମାଜର ବିରୋଧୀ ଶକ୍ତିଗୁଡ଼ିକ ମଝିରେ ସମ୍ବେଦନଶୀଳ କରାଯାଇପାରିବ। ପରିବର୍ତ୍ତନ ଦିଗରେ ଆଜି ଜଣେ କବିର ସବୁଠୁଁ ସାର୍ଥକ ପଦକ୍ଷେପ ଏହା ହିଁ ହୋଇପାରେ।

ପରିବେଶ ପରି ଶବ୍ଦ ପ୍ରଦୂଷଣରୁ ବଞ୍ଚାଇ ରଖିବା ଆଜିର ସୃଜନକାରମାନଙ୍କ ପାଇଁ ଏକ ବଡ଼ ଆହ୍ୱାନରେ ପରିଣତ ହୋଇଯାଇଛି ଏବଂ ଏ କ୍ଷେତ୍ରରେ ଜଣେ କବିର ଦାୟିତ୍ୱ ଢେରଗୁଣ ବଢ଼ିଯାଇଛି। ତାଙ୍କ ପାଇଁ ଏହି ତଥ୍ୟକୁ ବିସ୍ମରି ଦେବା ବିପଦଜନକ ମଧ୍ଯ ହୋଇପାରେ ଯେ ଯେଉଁ ଶବ୍ଦ ସେ ବ୍ୟବହାର କରୁଛି ତାହା ଏକ ସୁଦୀର୍ଘ ପରମ୍ପରାରୁ ଛାଣି ହୋଇ ଆଜି ତା' ପାଖରେ ଆସି ପହଞ୍ଚିଛି। ଲେଖିଲା ବେଳେ ଏହି ଚେତନା ମୋତେ ଶକ୍ତି ଦେଇଥାଏ ଯେ ମୋ ଶବ୍ଦ ମୋ ପୂର୍ବରୁ ଅସଂଖ୍ୟ ଲୋକଙ୍କର ଅସଂଖ୍ୟ ମୁହଁରେ ଉଚ୍ଚାରିତ ହୋଇସାରିଛି। ଏକଥା ମଧ୍ୟ ସତ ଯେ କୌଣସି ଲେଖକର ସଂସାର, ତନ୍ତୀର ଖାଲି ତନ୍ତ ସଦୃଶ ହୋଇନଥାଏ। ଜଣେ କବିକୁ ଲେଖିବା ପାଇଁ ଯେଉଁ ପରିସର ବା ପୃଷ୍ଠଭୂମି ଲଭ୍ୟ ହୋଇଥାଏ ତାହା ଉପରୁ ତଳ ପର୍ଯ୍ୟନ୍ତ ମଣିଷର ଭାଷା ବା କଥନରେ ଭରି ରହିଥାଏ। କବି ସେହି ଭାଷ୍ୟ ବା କଥନ ଭରା ପୃଷ୍ଠଭୂମିକୁ ଲିଭାଇ ଦେଇ ନ ଥାଏ। ବରଂ ତାହାରି ଭିତରେ ଥିବା କୌଣସି ଶୂନ୍ୟ ସ୍ଥାନରେ ହିଁ ଉତୁରି ଆସିଥାଏ ଓ ତାହାରି ସହିତ ଏକ ସ୍ୱତନ୍ତ୍ର ପରିବେଶ ଓ ସ୍ଥିତିଟିଏ ନିର୍ମାଣ କରିଦିଏ। ସେହି ସମସ୍ତ ଜ୍ଞାତ ଅଜ୍ଞାତ ସ୍ରୋତ୍ର ପ୍ରତି - ସେ ହୁଏତ ଜୀବନ୍ତ ଭାବେ ହେଉ ବା ଭାଷା ମାଧ୍ୟମରେ ହେଉ - ମୁଁ ସେଇଠି ଏକ ଗଭୀର ଦାୟିତ୍ୱବୋଧ ହିଁ ଅନୁଭବ କରିଥାଏ।

ଏହି ଶତାବ୍ଦୀର ପ୍ରାରମ୍ଭ କାଳରେ କବିତାର ଅସ୍ତିତ୍ୱକୁ ନେଇ ଅନେକ ଆଶଙ୍କାର କଥା କୁହାଯାଇଛି। କିନ୍ତୁ ଶତାବ୍ଦୀର ଅନ୍ତିମ ଦଶକର ଦ୍ୱାରଦେଶର କବାଟଟିରେ ଠକ୍‌ଠକ୍ ଶବ୍ଦ କରିବା ଆରମ୍ଭ କଲାବେଳୁ ଆମେ ଦେଖୁ ଯେ କବିତା ନା କେବଳ ଜୀବନ୍ତ ହୋଇରହିଛି, ବରଂ ନିଜେ ଜୀବନ୍ତ ହୋଇ ରହିବାର ସଂଘର୍ଷକୁ ମାନବ-ଅସ୍ତିତ୍ୱର ମୂଳ ସ୍ଥିତି ସଂଘର୍ଷ ସହିତ ଅନେକ ଦୂର ପର୍ଯ୍ୟନ୍ତ ନିଜକୁ ଏକାକାର କରିଦେଇଛି। ଏକଥା ମଧ୍ୟ ଆମେ ଜାଣନ୍ତି ଯେ ଏହି ସ୍ଥିତି ତାହାରି କାମକୁ ଅନେକ ଜଟିଳ ଓ ଆହ୍ୱାନମୟ କରିଦେଇଛି। ଏହି ସମସ୍ତ ଜଟିଳତା ଓ ଆହ୍ୱାନ ମଝିରେ କବିତା ମାନବିକ ସତ୍ୟ ଓ ଶବ୍ଦର ଗରିମାକୁ ବଜାୟ ରଖିବା ପାଇଁ ସଂଘର୍ଷରେ ଆଜି ପର୍ଯ୍ୟନ୍ତ ବି ଲାଗି

ରହିଛି। ଏହି କାର୍ଯ୍ୟରେ ବିଭିନ୍ନ ଦେଶରେ ଲେଖା ଯାଉଥିବା କବିତା ଭିତରେ ଏକ ବିଲକ୍ଷଣର ସମଦୃଶ୍ୟ ମଧ୍ୟ ପରିଲକ୍ଷିତ ହେଉଛି। ଆଜି ହିନ୍ଦୀ କବିତା ସମେତ ତାହାରି ସମାନାନ୍ତର ସମଗ୍ର ଭାରତୀୟ କବିତା, ନିଜସ୍ୱ ସ୍ୱତନ୍ତ୍ର ଢଙ୍ଗରେ ଓ ନିଜସ୍ୱ ସାମାଜିକ-ସାଂସ୍କୃତିକ ପରିବେଶରେ, ନିଜକୁ ଓ ସେହିପରି ନିଜ ସମକାଳର ମଣିଷକୁ ଜୀବନ୍ତ ରଖିବାକୁ ଏକ ନିରନ୍ତର ସଂଘର୍ଷରେ ବ୍ୟାପୃତ ରହିଛି। ମୋରି ସମସ୍ତ ସୃଜନ କର୍ମ ସେହି ସଂଘର୍ଷର ଏକ କ୍ଷୁଦ୍ର ବିନମ୍ର ଅଂଶ ମାତ୍ର- ଏହି ଭରସା ଓ ବିଶ୍ୱାସ ମୋତେ ପରବର୍ତ୍ତୀ କବିତା ରଚନା କରିବା ପାଇଁ ଶକ୍ତି ଦେଇଥାଏ ଏବଂ ତାହା ମୋ ପାଇଁ ଏକ ନୈତିକ ତଥା ଆବଶ୍ୟକୀୟ ସମ୍ବଳ ମଧ୍ୟ, ଯାହାର ସାହାରାରେ ଜଣେ ଲେଖକ ନିଜ ଭୂମିରେ ଛିଡ଼ା ହୋଇ ରହିପାରେ।

କେଦାରନାଥ ସିଂହଙ୍କ ସୃଜନ ସମ୍ଭାର

କବିତା ସଂକଳନ : 'ଅଭୀ, ବିଲ୍‌କୁଲ୍ ଅଭୀ', ଜମୀନ ପକ୍ ରହୀ ହୈ, ୟହାଁ ସେ ଦେଖୋ, ଅକାଲ୍ ମେଁ ସାରସ, ଉତ୍ତର କବୀର ଔର୍ ଅନ୍ୟ କବିତା ଏଁ, ଟଲ୍‌ଷ୍ଟୟ ଔର ସାଇକେଲ୍, ବାଘ, ପ୍ରତିନିଧି କବିତାଏଁ-୧, ପ୍ରତିନିଧି କବିତାଏଁ-୨, ସୃଷ୍ଟି ପର୍ ପହରା, ଅଜ୍ଞେୟଙ୍କ ଦ୍ୱାରା ସମ୍ପାଦିତ 'ତିସ୍‌ରା ସପ୍ତକ'ର କବିମାନଙ୍କ ଗହଣରେ ସାମିଲ୍।

ପ୍ରବନ୍ଧ ସଂକଳନ : ଆଧୁନିକ କବିତା ମେଁ ବିମ୍ବ ବିଧାନ, କଳ୍ପନା ଔର ଛାୟାବାଦ, ମେରେ ସମୟ କେ ଶବ୍ଦ, କବ୍ରିସ୍ଥାନ ମେଁ ପଞ୍ଚାୟତ।

ସାକ୍ଷାତ୍‌କାର : ମେରେ ସାକ୍ଷାତ୍‌କାର

ସମ୍ପାଦନା : ତାନାବାନା (ଆଧୁନିକ ଭାରତୀୟ କବିତା ସେ ଏକ ଚୟନ, ସମକାଲୀନ ରୁଷୀ କବିତାଏଁ, କବିତା ଦଶକ, 'ସାଖି' ପତ୍ରିକାର ମୁଖ୍ୟ ସମ୍ପାଦକ।

କବିଙ୍କ କବିତାର ଅନୁବାଦ

ଭାରତୀୟ ଭାଷାଗୁଡ଼ିକ ସମେତ ବିଶ୍ୱର ବହୁ ପ୍ରମୁଖ ଭାଷାରେ ତାଙ୍କର ବହୁ କବିତା ଅନୂଦିତ ହୋଇଛି। ସାହିତ୍ୟ ଅକାଦେମି ପକ୍ଷରୁ ତାଙ୍କ କବିତାର ଏକ ନିର୍ବାଚିତ ସଂକଳନ ଇଂରାଜୀରେ ଅନୂଦିତ ହୋଇଛି। ଫରାସୀ ତଥା ଇତାଲୀୟ ଭାଷାରେ ତାଙ୍କର ଦୀର୍ଘ କବିତାର ସଂକଳନ 'ବାଘ' ପୁସ୍ତକାକାରରେ ମଧ୍ୟ ପ୍ରକାଶିତ। ପ୍ରମୁଖ ଭାରତୀୟ ଭାଷାରେ ଏହି ସଂକଳନର ଅନୁବାଦ ମଧ୍ୟ ପ୍ରକାଶିତ।

ପୁରସ୍କାର ଓ ସମ୍ମାନ ପ୍ରାପ୍ତି

ଜ୍ଞାନପୀଠ ପୁରସ୍କାର (୨୦୧୩), ସାହିତ୍ୟ ଅକାଦେମି ପୁରସ୍କାର (ଅକାଲ୍ ମେଁ ସାରସ କବିତା ସଂକଳନ ପାଇଁ), ଦିନ୍‌କର ପୁରସ୍କାର, ଜୀବନ ଭାରତୀ ପୁରସ୍କାର, ଭାରତ ଭାରତୀ ସମ୍ମାନ, ଗଙ୍ଗାଧର ମେହର ଜାତୀୟ କବିତା ସମ୍ମାନ, ଜଣ୍ଟୁଆ ସମ୍ମାନ, ବ୍ୟାସ ସମ୍ମାନ, ସାହିତ୍ୟ ଅକାଦେମିର ସମ୍ମାନନୀୟ ସଦସ୍ୟ (ଫେଲୋ ସମ୍ମାନ) ପ୍ରମୁଖ।

(କୃତଜ୍ଞତା: ଭାରତୀୟ ଜ୍ଞାନପୀଠ, ଡ. ସୀତାକାନ୍ତ ମହାପାତ୍ର, ଡ. କେଦାରନାଥ ସିଂହ ଏବଂ କଥା କଥା : କବିତା କବିତା, ମାର୍ଚ୍ଚ ୨୦୧୪ ସଂଖ୍ୟା)

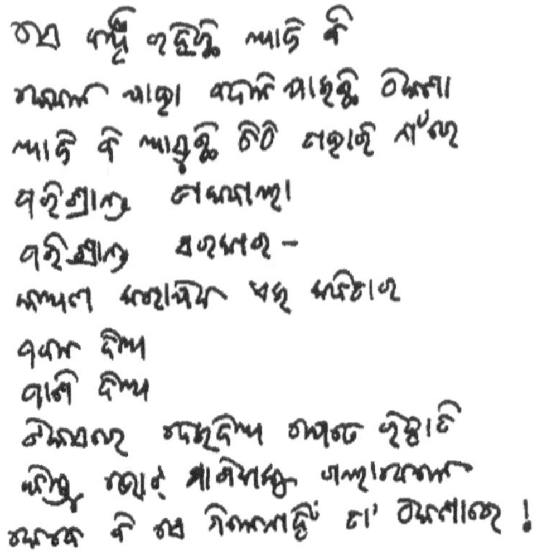

ତୁଏ କହିଁ ଯାଉଛି ଆଡ଼ି କି
ସଞ୍ଜଣା ଆଡ଼ା ବଦଳି ସାଉଛି ଠଣା
ଆଡ଼ି କି ଆୟୁଷ୍ଟ ଟିଟି ନହାଡ଼ି ସଁପଲ
ବହିଶ୍ରାନ୍ତ ଜଡ଼ଯାଣ୍ଟା
ବହିଶ୍ରାନ୍ତ ଧୟଖଲ —
ସମ୍ବଲ ସଞ୍ଜାୟିମା ଧନୁ ଭକ୍ତିଗଲ
ବଳା ଦିଅ
ବାଣି ଦିଅ
ନିଜଯଲ ସମୂବିଶ୍ୱ ଭଯତ ବୃଷ୍ଟାଦି
ଛୀବୁ ଆନ୍ ଶାଣିଯନ୍ତୁ ଜୟୋଧଯନା
ସଙ୍ଘକ କି ତଥ ନିଜଆନ୍ତିଂ ନା' ଉଯଲୀଣ !

ଜ୍ଞାନପୀଠ ପୁରସ୍କାରପ୍ରାପ୍ତ କବି କେଦାରନାଥ ସିଂହଙ୍କ ସହିତ କବି କ୍ଷୀରୋଦ ପରିଡ଼ା
ଏକ ଅନ୍ତରଙ୍ଗ ଆଳାପରେ ମଗ୍ନ

www.ingramcontent.com/pod-product-compliance
Lightning Source LLC
Chambersburg PA
CBHW031120080526
44587CB00011B/1048
* 9 7 8 1 6 4 5 6 0 1 0 2 9 *